AF499029

100 EJERCICIOS Y JUEGOS seleccionados de iniciación al RUGBY

Tomás Cejudo Pineda
David Blanco Luengo

Título: 100 EJERCICIOS Y JUEGOS SELECCIONADOS DE INICIACIÓN AL RUGBY
Autores: Tomás Cejudo Pineda, David Blanco Luengo, José Fco. Wanceulen Moreno, Antonio Wanceulen Moreno

Editorial: WANCEULEN EDITORIAL
Sello Editorial: WANCEULEN EDITORIAL DEPORTIVA

ISBN (Papel): 978-84-18831-05-8
ISBN (Ebook): 978-84-18831-06-5

DEPÓSITO LEGAL: SE 902-2021

Impreso en España.

WANCEULEN S.L.
C/ Cristo del Desamparo y Abandono, 56 - 41006 Sevilla
Dirección web: www.wanceuleneditorial.com y www.wanceulen.com
Email: info@wanceuleneditorial.com

ÍNDICE

INTRODUCCIÓN 7

100 EJERCICIOS Y JUEGOS SELECCIONADOS DE INICIACIÓN AL RUGBY 9

INTRODUCCIÓN

Este libro se ha escrito con la finalidad de que llegue a todas esas personas interesadas en el deporte de rugby y a cómo realizar juegos diversos a la vez que mejoran su técnica. Dentro podremos encontrar gran variedad de actividades enfocadas al ataque, defensa y placaje en este deporte. Estas están pensadas para que los entrenadores las pongan en práctica con sus jugadores de al menos 10 años, ya que en la mayoría se necesita coordinación y pensamiento abstracto, además de saber jugar en equipo (cosa que con estos juegos se refuerza) y el compañerismo. Por lo que podríamos decir que se centra en el aprendizaje y asimilación de técnicas de rugby.

En este libro podréis encontrar una gran cantidad de ejercicios explicados con sus respectivas normas y representaciones gráficas, ayudando así a su comprensión a través de la lectura y el apoyo visual.

Al final de cada explicación del juego hemos añadido una serie de observaciones que les servirán para realizar el ejercicio de una manera más fácil o más difícil, adaptando así todos y cada uno de los juegos a diferentes niveles.

En conclusión, y para presentarme, este libro está realizado por un alumno de Ciencias de la Actividad Física y el Deporte que ha dedicado gran parte de su vida al rugby y actualmente dedica la mayor parte de su tiempo a la realización, mejoría y enseñanza del deporte. En primer lugar me gustaría agradecer al profesor David Blanco Luengo por darme la oportunidad de realizar este libro y así llegar a más personas aficionadas al rugby. En segundo lugar, animar a todas las personas que comiencen o mejoren a realizar deporte, ya que esto además de ser muy sano es algo que les puede otorgar muchas oportunidades y aprendizajes. Sólo espero que todo aquél que lo lea le sea útil, mejore y viva el deporte al igual que yo y muchos de mis compañeros lo vivimos. Por último, me gustaría recomendar mucho este deporte ya que a pesar de ser menos conocido y practicado que otros, tiene una gran cantidad de valores y siempre habrá un hueco en el equipo para cualquier persona.

100 EJERCICIOS Y JUEGOS SELECCIONADOS DE INICIACIÓN AL **RUGBY**

Ejercicio Nº 1	Objetivo Principal	Engañar al oponente	
	Objetivos Secundarios	Familiarizar tacto del balón	
Medios Técnico-Tácticos		Fintar	
Jugadores	7 o más	Campo	Mitad de campo
Material	2 conos y 7 o más balones	Tiempo	7min

Explicación

Para este ejercicio se dispondrán los conos formando una línea recta en la que inicialmente la quedará un solo jugador, el cual tendrá que desplazarse sobre esta. Los compañeros que tienen balón tratarán de pasar de un lado a otro intentando no ser tocados por el jugador que se encuentra el centro. Si son tocados, se unirán al jugador de la línea para pillar al resto de los compañeros y soltarán el balón.

Observaciones

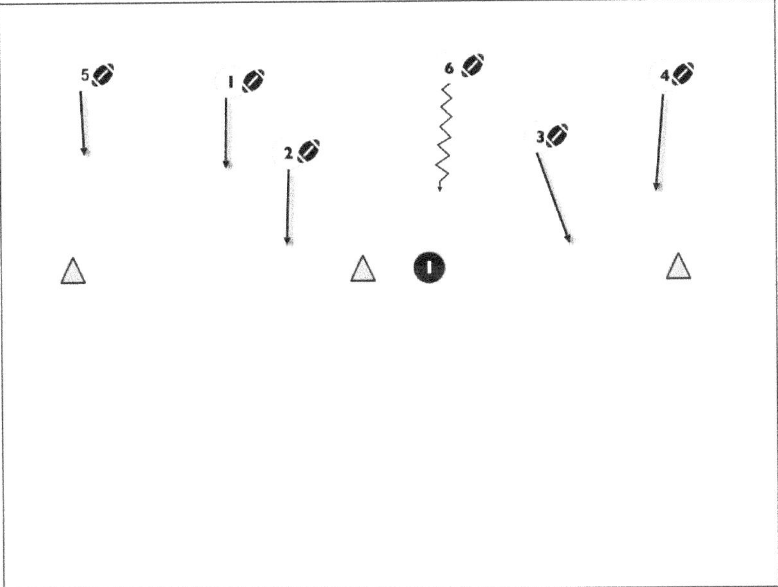

Ejercicio Nº 2	Objetivo Principal	Progresar	
	Objetivos Secundarios	Proteger con el cuerpo el balón	
Medios Técnico-Tácticos	Coger el balón del suelo, correr con balón		
Jugadores	6 jugadores o más	Campo	35x50m
Material	2 balones y 6 conos	Tiempo	10min

Explicación

Consistirá en una carrera de relevos entre dos equipos, los cuales tendrán cada uno 3 conos por los que tendrán que pasar antes de volver corriendo en línea recta. Aproximadamente 2 metros antes de llegar al sitio de partida tendrán que dejar el balón para que el siguiente compañero tenga que cogerlo en carrera.

Observaciones: Tener en cuenta si adelanta la rodilla al agarrar la pelota del suelo.

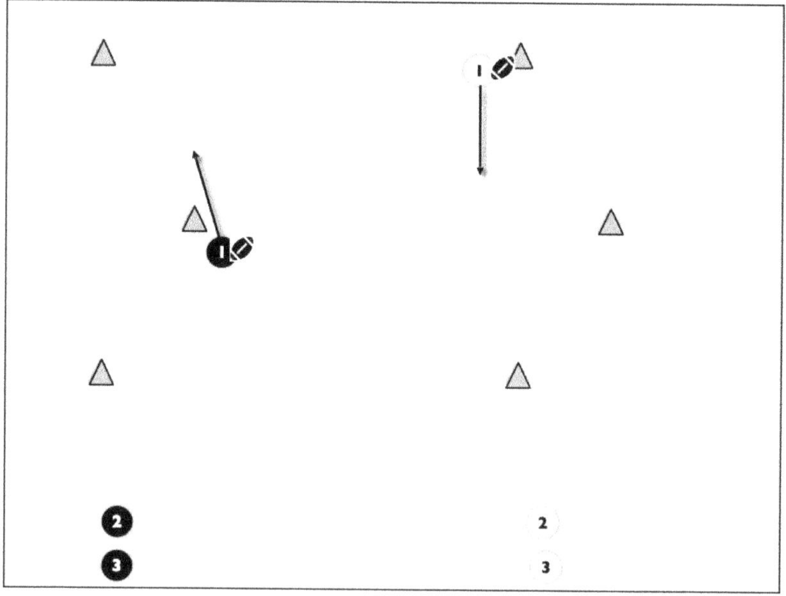

Ejercicio N° 3	Objetivo Principal	Posibilitar la continuidad	
	Objetivos Secundarios	Orientarse hacia el balón, ocupar espacios	
Medios Técnico-Tácticos		Pase	
Jugadores	10 o más	Campo	20x30m
Material	4 conos y 1 balón	Tiempo	10min

Explicación

Se formarán dos equipos, cada uno de ellos tendrá que completar 10 pases entre sus jugadores, lo que se convertiría en un punto para dicho equipo. Tenemos que tener en cuenta que todos tienen que tocar el balón, no puede caer al suelo, lo que significaría un cambio de posesión, y que el portador de balón no puede moverse.

Observaciones: Si vemos que consiguen el objetivo con facilidad reduciremos el espacio, haciendo la tarea un poco más compleja.

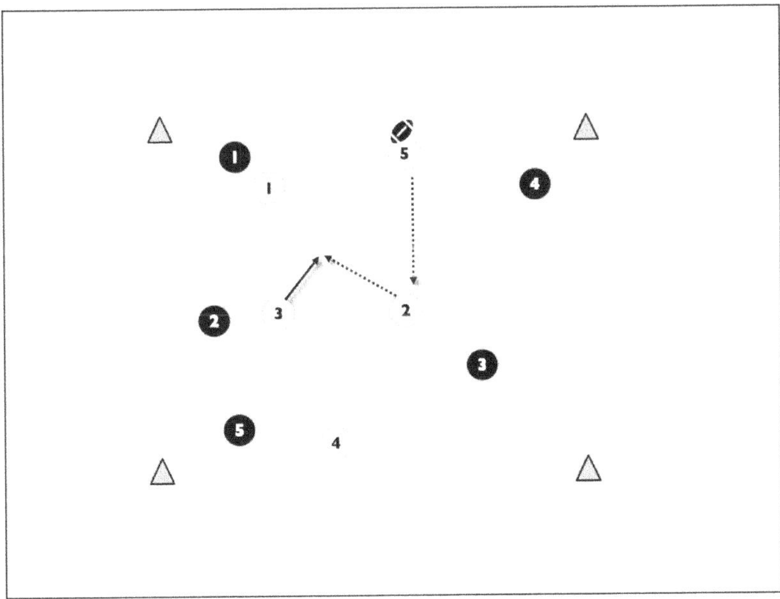

Ejercicio Nº 4	**Objetivo Principal**	Familiarizar el balón de rugby	
	Objetivos Secundarios	Manejar el balón rápidamente	
Medios Técnico-Tácticos	Pase, ocupación de espacios, recepción		
Jugadores	7 o más	Campo	10x10m
Material	4 conos y 1 balón	Tiempo	10min
Explicación			
Todos los jugadores se dispondrán dentro del cuadrado, de manera que durante un minuto se pasarán el balón rápidamente ya que el último poseedor del balón tendrá que cumplir un castigo (dar una vuelta al cuadrado en posición de melé). Si el balón cayese al suelo todos tendrán que cumplir el castigo. Cuantos más jugadores, más balones se añadirán.			
Observaciones	No alejarse mucho del jugador con balón y ofrecerse a recibir para evitar que se caiga. El balón no toca la camiseta, así permitiendo mayor rapidez en el pase.		

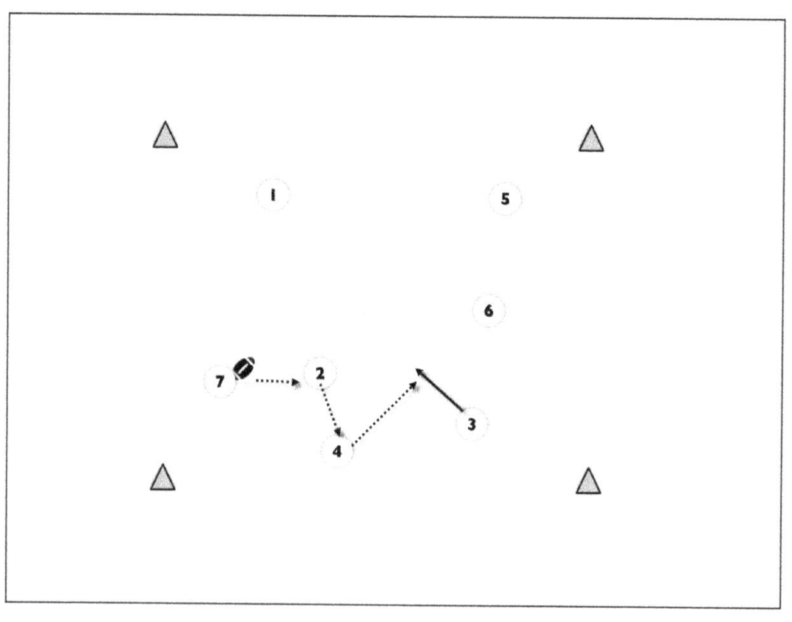

Ejercicio Nº 5	Objetivo Principal	Familiarizar el balón de rugby	
	Objetivos Secundarios	Trabajar capacidad de atención	
Medios Técnico-Tácticos		Pase	
Jugadores	6 o más	Campo	10x10m
Material	2 balones	Tiempo	10min

Explicación

Los jugadores se colocarán en forma de círculo con 2 balones, tendrán que realizar pases bombeados hacia un compañero diciendo su nombre. El receptor tendrá que dar una palmada antes de coger el balón, si no la diese tendrá que dar una vuelta al círculo por fuera en posición de ruck.

Observaciones: Otras variantes pueden ser dar dos palmadas, tocarse alguna parte del cuerpo, repetir el nombre del jugador que pasa el balón...

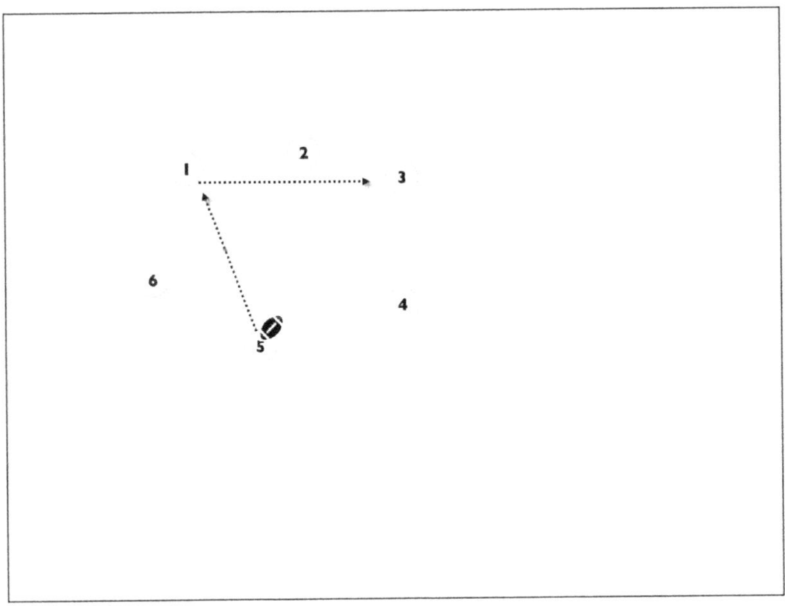

Ejercicio Nº 6	Objetivo Principal	Familiarizar el balón de rugby	
	Objetivos Secundarios	Trabajar capacidad de atención	
Medios Técnico-Tácticos		Pase, desplazamientos	
Jugadores	8 o más	Campo	10x 10m
Material	1 o 2 balones	Tiempo	12min
Explicación			

Para este ejercicio los jugadores se colocarán formando un círculo donde tendrán que realizar un pase hacia un compañero y correr hacia su sitio para ocuparlo y así sucesivamente. Para aumentar la complejidad podemos añadir un segundo balón.

Observaciones	Cuando hacemos el pase tener cuidado para no darle al compañero que se está desplazando por el centro del círculo.

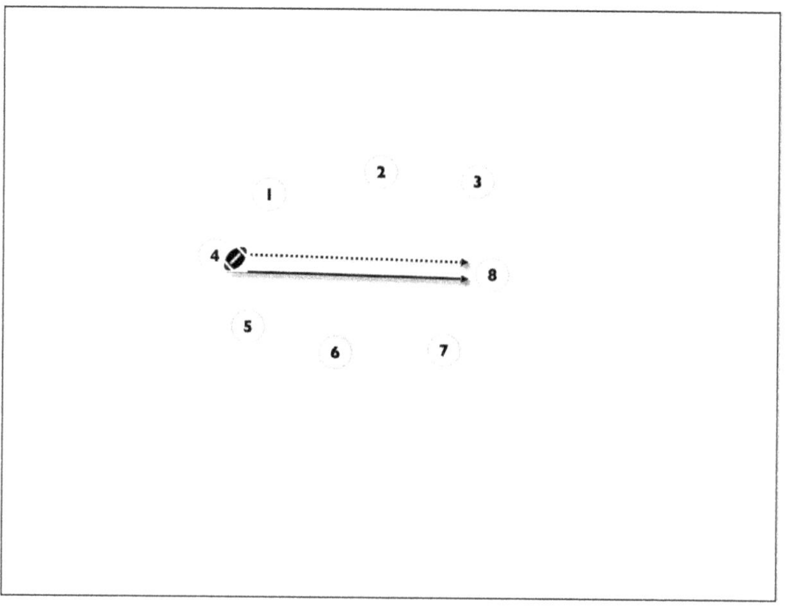

Ejercicio Nº 7	Objetivo Principal	Finalizar jugada	
	Objetivos Secundarios	Progresar	
Medios Técnico-Tácticos		Ensayo, pase, finta	
Jugadores	10 o más	Campo	30x50m
Material	16 conos y 1 balón	Tiempo	10min
	Explicación		
Dividimos a los jugadores en dos equipos, de manera que uno atacará y uno defenderá. En el campo hay repartidos 4 cuadrados en los cuales hay que ensayar y así conseguir puntos, para lograrlo un jugador sin balón ha de recibir el balón dentro de uno de los cuadrados. Para ello tendrán que pasar el balón, pudiendo correr también el jugador con balón. Cambiará de posesión el balón cuando caiga al suelo o cuando un defensor toque a el portador de balón.			
Observaciones	Para aumentar la complejidad podemos añadir que si el que recibe dentro del cuadrado lo hace de una patada en lugar de un pase valdrá el doble de puntos.		

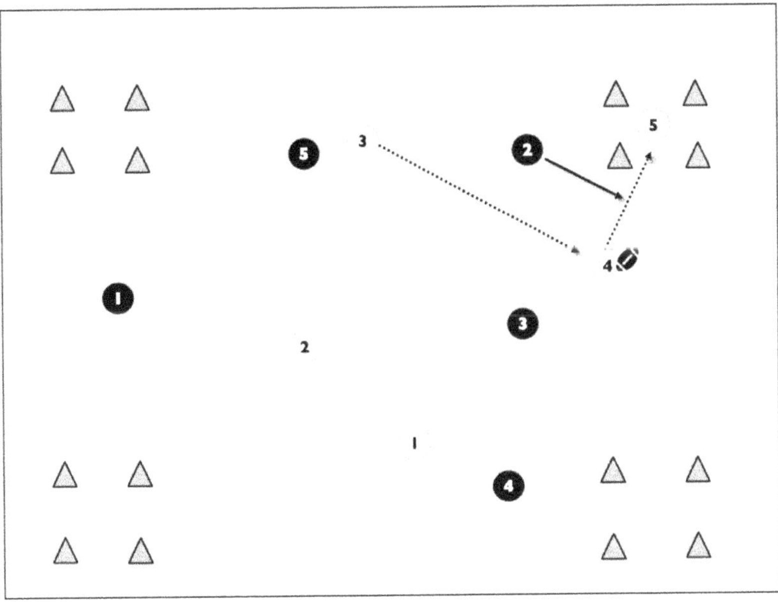

Ejercicio Nº 8	Objetivo Principal	Ocupar espacios	
	Objetivos Secundarios	Finalizar jugada	
Medios Técnico-Tácticos		Ensayo, pase	
Jugadores	8 o más	Campo	20x50m
Material	6 conos y 1balón	Tiempo	8min

Explicación

Dividimos a los jugadores en 2 equipos, uno que ataca y otro que defiende, cambiando la posesión cuando un defensor toca al portador de balón o cuando el balón cae al suelo. El objetivo será salir de un extremo y ensayar en el otro para conseguir la mayor cantidad de puntos, pero para ello el balón tendrá que pasar por cada uno de los conos colocados en los laterales a lo largo del campo delimitado. En estos conos tendrá que recibir un jugador sin balón y sin moverse pasarla a un compañero.

Observaciones: Debe pasar por todos los conos indistintamente el orden que sigan.

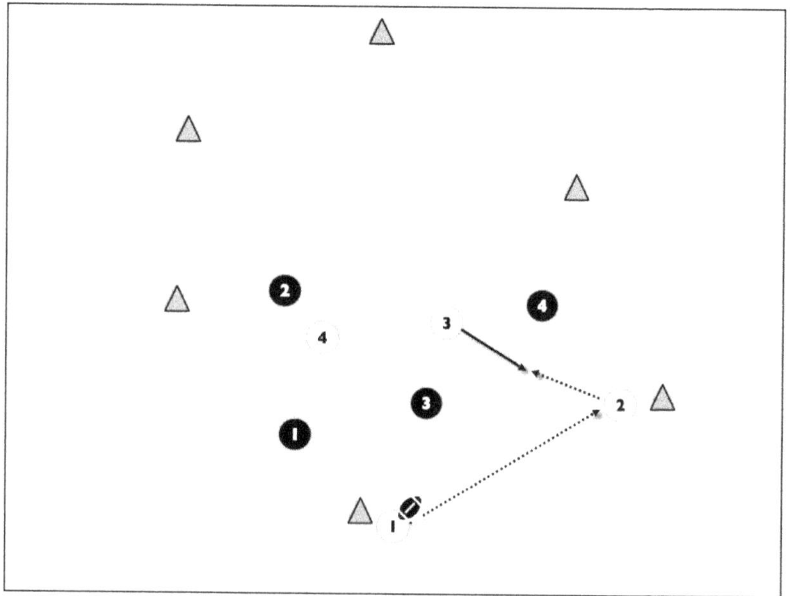

Ejercicio Nº 9	**Objetivo Principal**	Evitar al contrario	
	Objetivos Secundarios	Pasar, ocupar espacios	
Medios Técnico-Tácticos		Finta, ensayo	
Jugadores	5 o más	Campo	15x15m
Material	4 conos y 1 balón	Tiempo	7min

Explicación

Todos los jugadores se colocarán dentro del cuadrado, teniendo que pasar el balón siempre detrás suya y sus compañeros tendrán que decirle por que lado vienen para que el pasador tenga una ayuda a la hora de pasarlo. Cuando el entrenador lo indique, el jugador que sea portador de balón tendrá que dirigirse hacia alguno de los lados para ensayar sin ser tocado.

Observaciones: Si se hace con más personas, añadir 1 o 2 balones más. Corregimos los 'avant'.

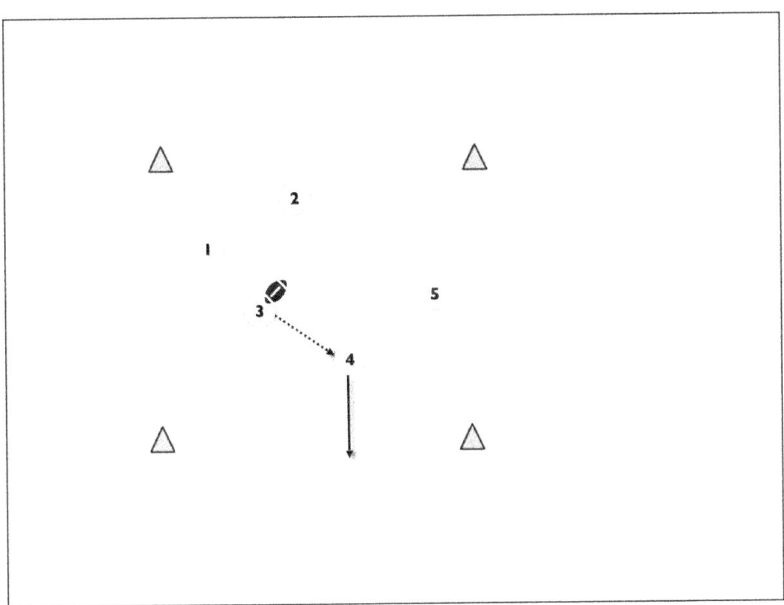

Ejercicio N° 10	Objetivo Principal	Pasar	
	Objetivos Secundarios	Orientarse hacia el balón	
Medios Técnico-Tácticos		Pase, recepción	
Jugadores	8 o más	Campo	10x10m
Material	4 conos y 2 balones	Tiempo	12min

Explicación

Disponiendo los conos en forma de cruz repartimos a todos los jugadores entre los conos. Las filas enfrentadas tendrán un balón cada uno, de manera que saldrán el primero de cada fila y una vez hayan pasado al jugador de la fila de su lado izquierdo realizarán el pase hacia él y se colocarán en su fila y saldrán los receptores a realizar el pase como han hecho sus compañeros anteriormente. Una vez transcurrida la mitad del tiempo se cambiará la dirección del pase hacia la derecha.

Observaciones	Tener en cuenta que el jugador que pasa ha de estar por delante del jugador que va a recibir. El receptor ha de estar preparado con las manos extendidas para recibir.

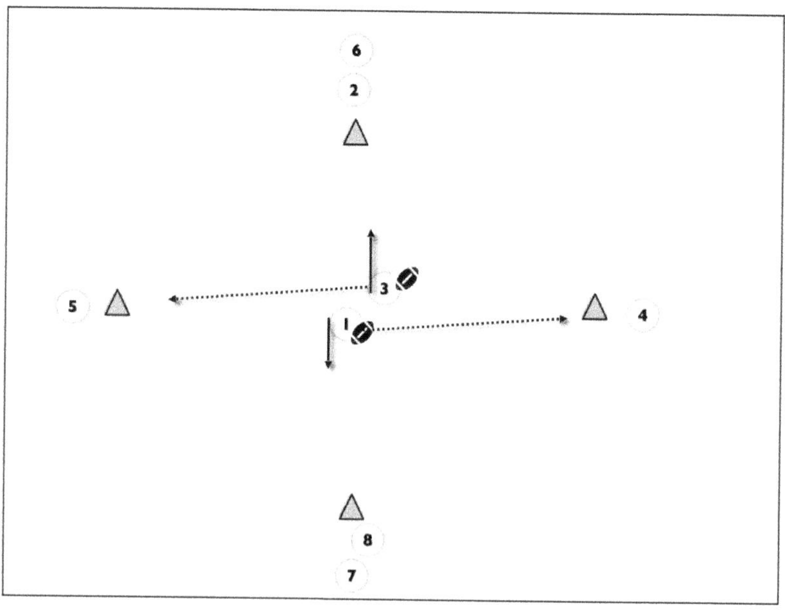

Ejercicio N° 11	Objetivo Principal	Pasar	
	Objetivos Secundarios	Mover rápido el balón	
Medios Técnico-Tácticos		Pase, recepción de balón	
Jugadores	8 o más	Campo	10x10m
Material	4 conos y 3 balones	Tiempo	10min

Explicación

En este ejercicio dispondremos los conos en forma de una X. Se comenzará con un solo balón y si según veamos éxito en la tarea introduciremos un segundo y tercer balón. El portador deberá hacer un pase largo al jugador de su izquierda y así continuamente sin parar el juego. Se buscará agilidad y un movimiento rápido del balón. Al transcurrir cierto tiempo cambiará de sentido la dirección del balón. El pasador del balón se colocará en la fila hacia la que ha realizado el pase.

Observaciones: Balón sin tocar la camiseta, salida más rápida del balón.

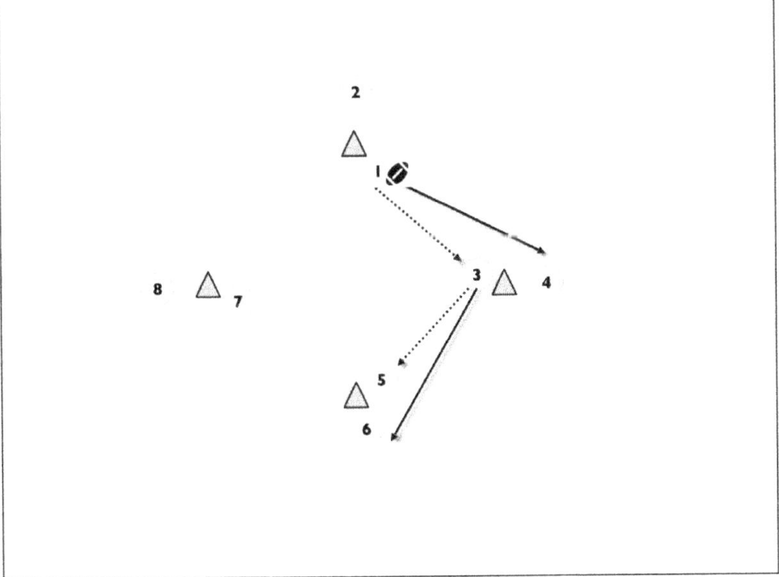

Ejercicio Nº 12	Objetivo Principal	Pasar, recibir pase en carrera	
	Objetivos Secundarios	Apoyar tras el pase, ocupar espacios	
Medios Técnico-Tácticos	Pase, orientarse hacia el pase, recepción		
Jugadores	8 o más	Campo	30x20m
Material	12 conos y 2 balones	Tiempo	12min
Explicación			
En este ejercicio los jugadores se colocarán en 4 conos, en frente de cada uno de ellos y colocados de manera escalonados encontraremos unas 'puertas'. Una vez el jugador atraviese la suya debe hacer el pase al jugador de su izquierda y acompañarlo en apoyo hasta que éste pase por su puerta correspondiente y a continuación volver a la fila. Cuando se domine el pase hacia un lado se invierten las puertas y los pases se realizarán hacia el otro lado.			
Observaciones	Insistir en pedir el balón con los brazos estirados en la dirección de la que viene éste.		

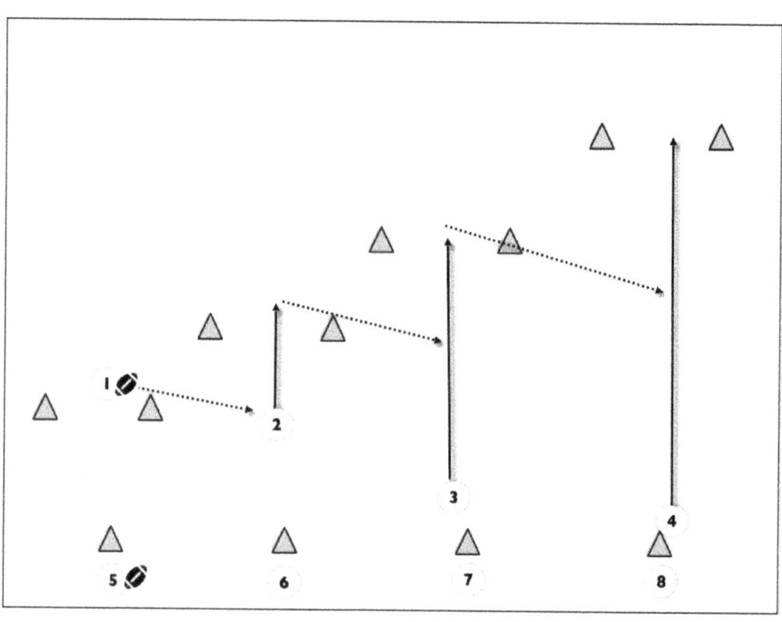

Ejercicio Nº 13	Objetivo Principal	Pasar, ampliar espacio	
	Objetivos Secundarios	Evitar recepción, ensayar	
Medios Técnico-Tácticos	Pase, recepción, carrera, ocupar espacios		
Jugadores	6 o más	Campo	20x10
Material	4 conos y 7 balones	Tiempo	7min

Explicación

En este juego dividimos a los jugadores en dos equipos, cada uno partirá con 3 balones en su zona de ensayo y el entrenador pondrá en juego el séptimo, de manera que deben tratar de quedarse sin balones posándolos en la otra zona de marca. Para ello no podrán usar patadas, simplemente pases y carreras. Teniendo en cuenta que si el portador de balón es tocado, o éste toca el suelo, tendrá que volver tanto él como el balón hacia su zona de ensayo. Transcurrido el tiempo el equipo que menos balones tenga ganará.

Observaciones: No se lanza el balón para ensayar, hay que posar.

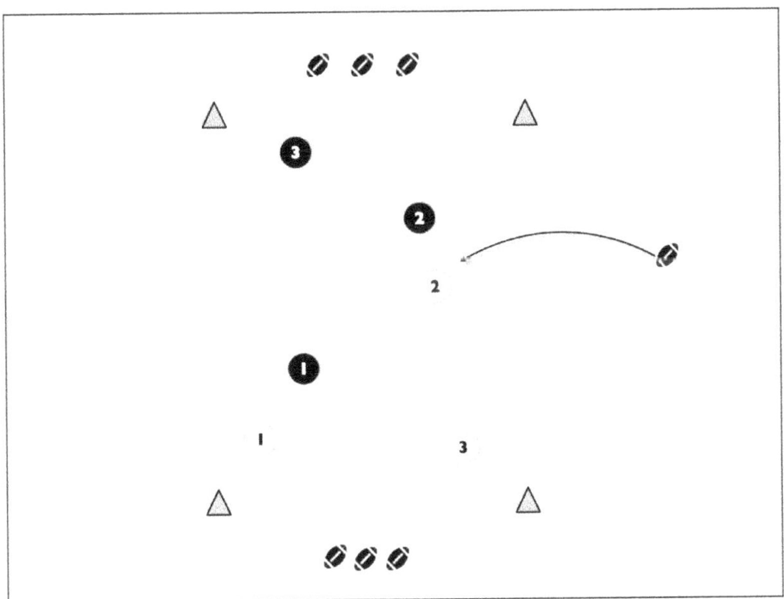

Ejercicio Nº 14	Objetivo Principal	Pasar	
	Objetivos Secundarios	Orientarse hacia el balón	
Medios Técnico-Tácticos		Pase, recepción de balón	
Jugadores	8 o más	Campo	5x5m
Material	8 conos y 1 balón	Tiempo	10min

Explicación

Para este ejercicio se colocarán los jugadores repartidos en 4 conos, cada uno de ellos tendrá en frente un cono, en el cual deben hacer el pase hacia detrás al jugador que se encontrará a su lado en el cono preparado para recibir y realizar la misma acción. Cuando llegue a los extremos cambiaremos el sentido del juego sin parar en ningún momento el movimiento del balón.

Observaciones	El jugador que recibe el balón debe estar orientado, las manos dispuestas y pedirlo.

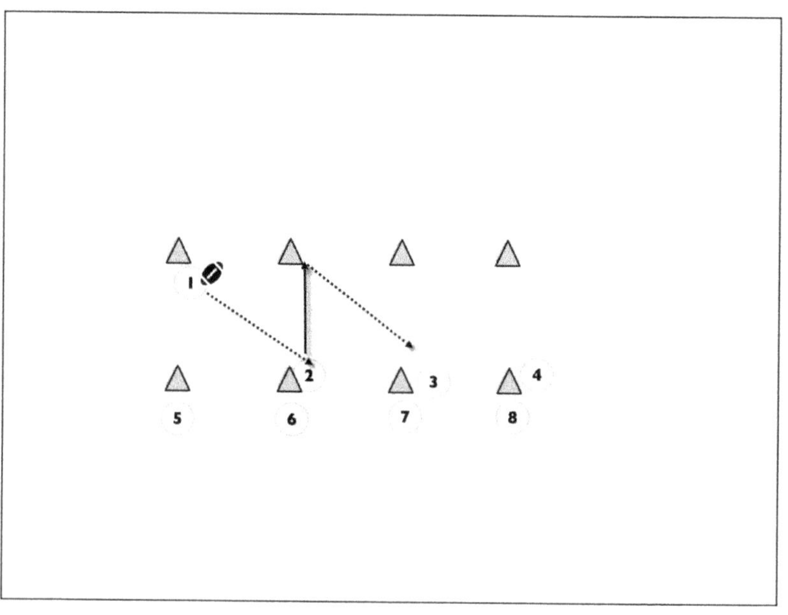

Ejercicio Nº 15	Objetivo Principal	Pasar	
	Objetivos Secundarios	Ocupar espacios libres	
Medios Técnico-Tácticos		Pase, recepción de balón	
Jugadores	8 o más	Campo	Todo el campo
Material	1 balón	Tiempo	10min

Explicación

Se formará dos líneas de ataque una a continuación de la otra. La primera se despliega y realizan los pases de manera normal en carrera a lo largo del campo, la segunda se encontrará desplegada en ataque también detrás de esta primera. De esta manera cuando llegue a los extremos la segunda línea entrará en carrera y pidiendo el balón, pudiendo decidir si entran a atacar por el lado derecho o izquierdo de la primera línea. Para ello el jugador que va a recibir debe pedir el balón al lado deseado.

Observaciones: El jugador que recibe de segunda línea debe avisar por que lado decide atacar.

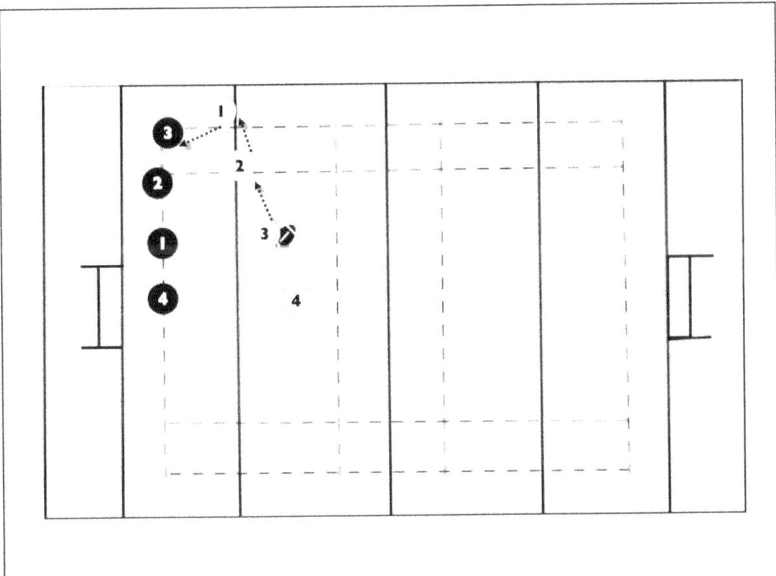

Ejercicio Nº 16	Objetivo Principal	Apoyar	
	Objetivos Secundarios	Ocupar espacios libres	
Medios Técnico-Tácticos	Recepción, desplazamientos y giros		
Jugadores	7 o más	Campo	10x10m
Material	4 conos y 4 balones	Tiempo	8min
Explicación			
Dentro del espacio delimitado por los conos se colocarán todos los jugadores, de los cuales 4 comenzarán con balón. Los poseedores de balón no pueden tener el balón mucho tiempo y han de lanzarlo hacia arriba, de manera que los que no tienen deben pedirlo y evitar que caiga al suelo. Una vez el balón toque el suelo no se podrá volver a coger y los jugadores seguirán corriendo por la zona pasando y recepcionando los que resten.			
Observaciones	Aquí fomentamos la comunicación entre los jugadores para evitar que dos vayan a por el mismo y su nivel de atención a lo que ocurre a su alrededor para evitar que el balón caiga.		

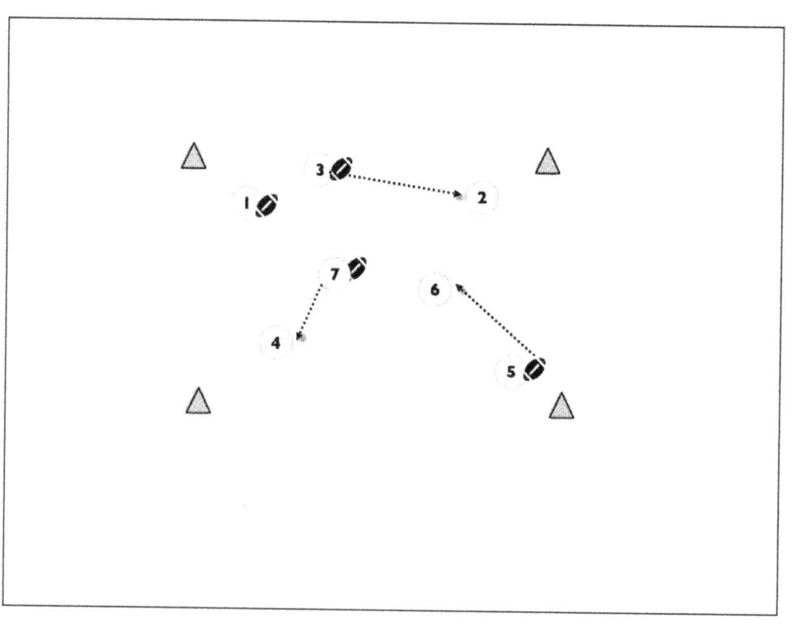

Ejercicio N° 17	**Objetivo Principal**	Trabajar la recepción de un balón en el suelo	
	Objetivos Secundarios	Pasar	
Medios Técnico-Tácticos	Recepción, desplazamientos, ocupación de espacios, pase		
Jugadores	4 o más	Campo	5x5m
Material	4 conos y 1 balón	Tiempo	10min

Explicación

Los jugadores se dispondrán en una fila dispuesta en una esquina del cuadrado, desde la que saldrán 4 y empezarán a correr uno detrás de otro, dejando el balón en cada recta para que el siguiente vaya cogiendo el balón del suelo correctamente (con un pie delante de otro, orientado hacia detrás y protegiéndose con el hombro). Una vez haya sido tocado el balón por toda la fila, estos saldrán del cuadrado y comenzarán a atacar hacia la línea de ensayo.

Observaciones: Pie delante del balón, hombro protegiendo el cuerpo y cubriendo un posible placaje.

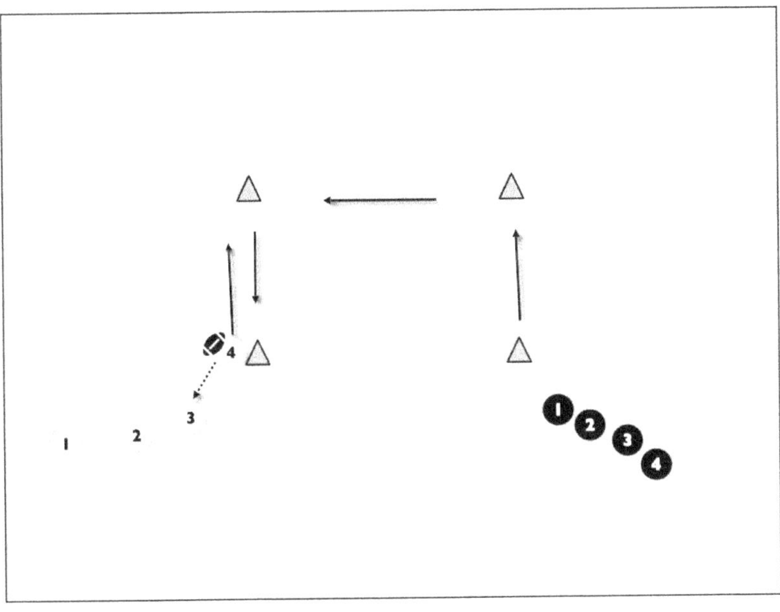

Ejercicio Nº 18	Objetivo Principal	Pasar desde el suelo	
	Objetivos Secundarios	Recepcionar	
Medios Técnico-Tácticos		Pase, desplazamientos	
Jugadores	6 o más	Campo	20x20m
Material	2 balones	Tiempo	15min

Explicación

En este ejercicio los jugadores se dividirán en grupos de 3, con un balón cada trío. Se colocarán en línea 2 en los extremos y 1 en el centro, este último tendrá que pasar el balón desde el suelo hacia un extremo y su compañero lo dejará en el suelo pera que se pueda repetir la secuencia. Tras varios pases se cambia el jugador central.

Observaciones	Agacharse y adelantar la pierna contraría al brazo que impulsa el pase para dar mayor estabilidad y precisión.

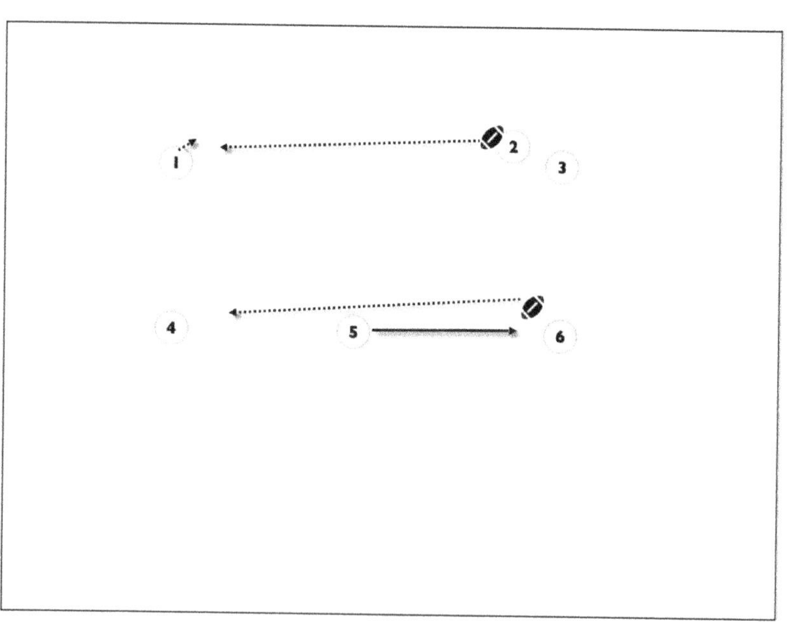

Ejercicio N° 19	**Objetivo Principal**	Pasar	
	Objetivos Secundarios	Ocupar espacios	
Medios Técnico-Tácticos	Pase, recepción, despliegue de ataque		
Jugadores	8 o mas	Campo	20x20m
Material	8 conos y 2 balones	Tiempo	10min

Explicación

Los jugadores dispuestos en líneas de 4 realizarán en un rectángulo pases cortos en carrera de un extremo al otro y a continuación se desplegarán hacia los conos colocados más separados y atacarán hacia el lado contrario. Estos deberán trabajar la profundidad en el ataque y los pases más largos.

Observaciones	Centrarse en la rapidez del pase en el pase corto y la comunicación y la precisión del pase largo.

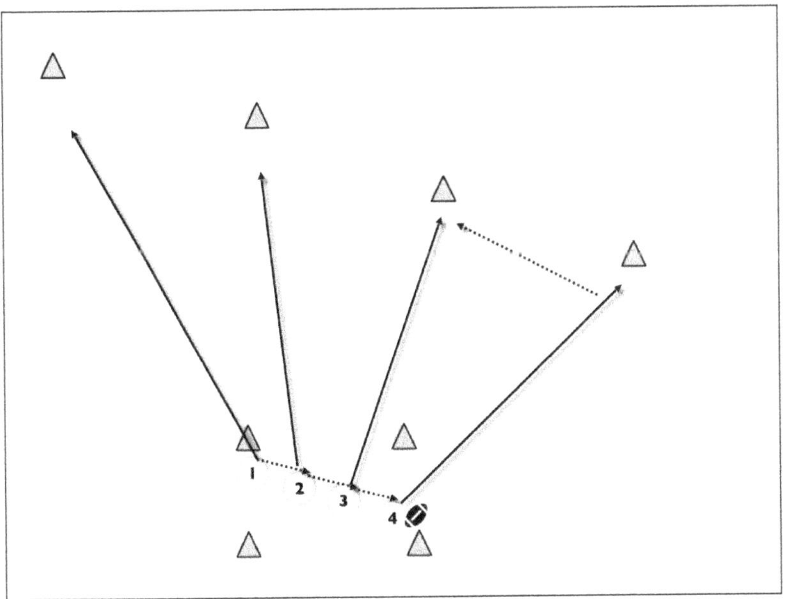

Ejercicio Nº 20	Objetivo Principal	Posibilitar continuidad	
	Objetivos Secundarios	Pasar	
Medios Técnico-Tácticos		Pase, carrera para recibir	
Jugadores	6 o más	Campo	5x5m
Material	3 conos y 1 balón	Tiempo	7min
Explicación			
Los jugadores se repartirán entre los dos conos enfrentados entre los cuales habrá un tercer cono. Los primeros de la fila saldrán corriendo en dirección a la fila contraria y a la altura del cono el jugador que tenga el balón tendrá que dejar colgado, hacia detrás para evitar el 'avant', el balón para que en carrera lo coja el otro jugador. Ese jugador que ha recibido balón tendrá que dejarla colgada al segundo de la otra fila. De esa forma el balón tendrá que mantenerse cercano a la altura del cono central.			
Observaciones	Los jugadores no pueden tener mucho el balón en las manos, por lo tanto el receptor tiene que estar atento y salir rápido de la fila en busca de éste.		

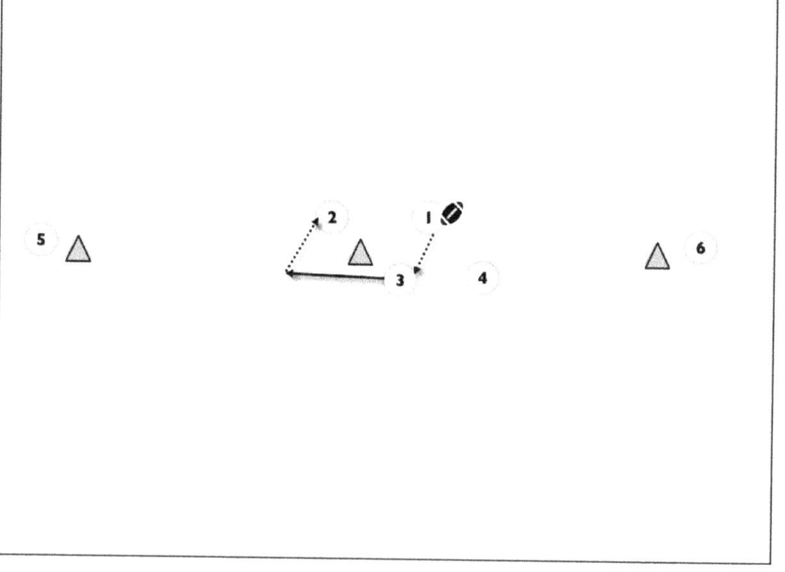

Ejercicio N° 21	Objetivo Principal	Manejar rápido el balón	
	Objetivos Secundarios	Pasar	
Medios Técnico-Tácticos		Pase	
Jugadores	10 o más	Campo	15x5m
Material	7 conos y 3 balones	Tiempo	15min

Explicación

Los conos se colocarán de dos en dos enfrentados y en uno de los extremos se colocará en medio un cono de manera que se colocará un jugador en cada uno de ellos exceptuando el del extremo en el que se colocarán los restantes. En los conos enfrentados habrá un balón entre los dos. Los jugadores del extremo comenzarán a correr por medio de los conos que se encuentran enfrentados, de manera que recibirán el pase de un lado y una vez haya pasado la línea de fuera de juego harán un pase hacia el otro lado. Esta misma acción se repetirá a lo largo de la carrera hasta dos veces más. Al pasar un cierto tiempo se cambiará el rol de los jugadores.

Observaciones: Evitar que realicen el 'avant' a lo largo de los pases que han de realizar.

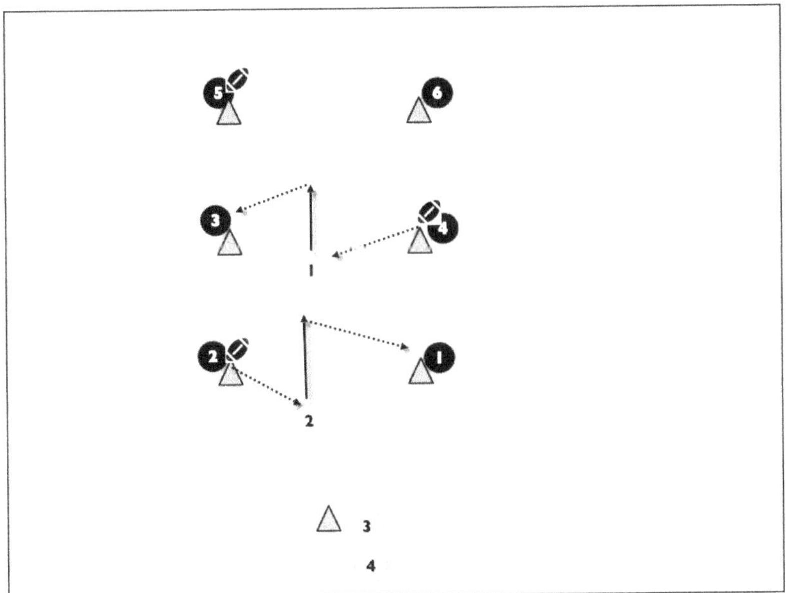

Ejercicio N° 22	Objetivo Principal	Manejar rápido el balón	
	Objetivos Secundarios	Pasar	
Medios Técnico-Tácticos		Pase	
Jugadores	16 o más	Campo	Todo el campo
Material	2 balones	Tiempo	12min

Explicación

Dividiremos a los jugadores en dos equipos y repartidos en línea recta a lo largo del campo. El objetivo será pasando de uno en uno que el balón llegue al extremo y vuelva lo más rápido posible. Si el balón cayese al suelo volverá al primer jugador y se comenzará de nuevo. El primer equipo que lo consiga ganará un punto y el primer equipo en llegar a 7 puntos ganará.

Observaciones: Balón sin tocar la camiseta, salida más rápida del balón.

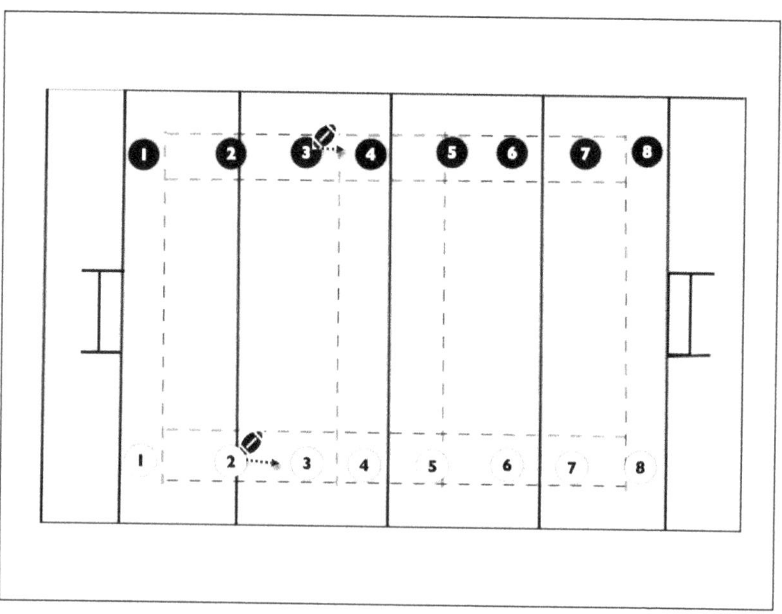

Ejercicio Nº 23	Objetivo Principal	Perfeccionar técnica de pase	
	Objetivos Secundarios	Trabajar la recepción	
Medios Técnico-Tácticos		Pase, recepción de balón	
Jugadores	8 o más	Campo	10x10m
Material	7 conos y 1 balón	Tiempo	15min

Explicación

Este juego consistirá en el tradicional 'matar', en el cual introducimos como variante el balón de rugby, si se agarra el balón sin que bote de un rival este tendrá que ir a la zona de los muertos y cuando lanzamos el balón tiene que ser por debajo de la cadera y realizando el gesto técnico del pase largo.

Observaciones: Los pases deben ser realizando el gesto técnico sino automáticamente no serían válidos y tampoco valdrían si se hacen por encima de la cadera.

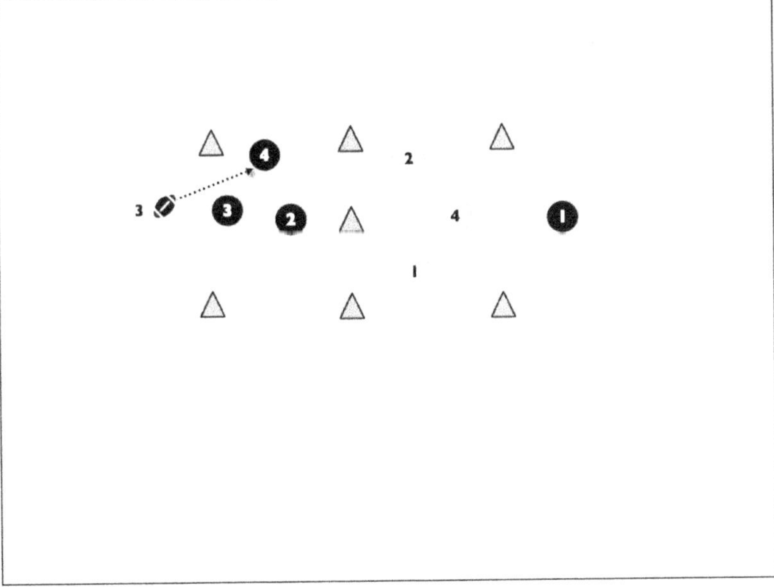

Ejercicio Nº 24	Objetivo Principal	Pasar	
	Objetivos Secundarios	Orientarse hacia el balón	
Medios Técnico-Tácticos		Pases, desplazamientos	
Jugadores	8 o más	Campo	7x7m
Material	4 conos y 2 pelotas	Tiempo	8min

Explicación

Con este ejercicio buscaremos que mientras se ataca percibamos lo que ocurre a nuestro alrededor. Para ello colocaremos dos líneas de ataque enfrentadas, ambas saldrán a al vez y tendrá que llegar hasta el último sin caer el balón y sin que nadie se choque con un compañero de la otra línea.

Observaciones: Pasar el balón en el momento más óptimo para no perderlo.

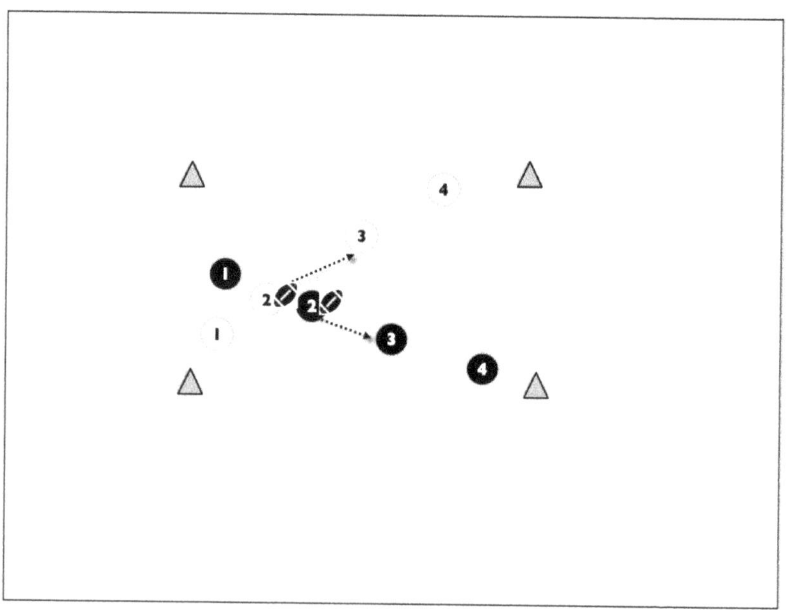

Ejercicio Nº 25	**Objetivo Principal**	Evadir	
	Objetivos Secundarios	Toma de decisiones	
Medios Técnico-Tácticos		Fintas, correr con el balón	
Jugadores	8 o más	Campo	20x20m
Material	9 balones y 16 conos	Tiempo	7min

Explicación

Dividiremos todo el grupo en 4 equipos, cada uno de ellos tendrá su 'base' a la que tendrán que llevar los balones que se encontrarán en el centro. Una vez se hayan acabado éstos se comenzarán a robar de las bases contrarias. Ganará el equipo que logre 3 balones o tenga más cuando se acabe el tiempo. Se puede añadir como variante tener que pasar el balón obligatoriamente antes de posar en tu base o tener que darle una patada.

Observaciones — Para añadir dificultad podemos empequeñecer el campo.

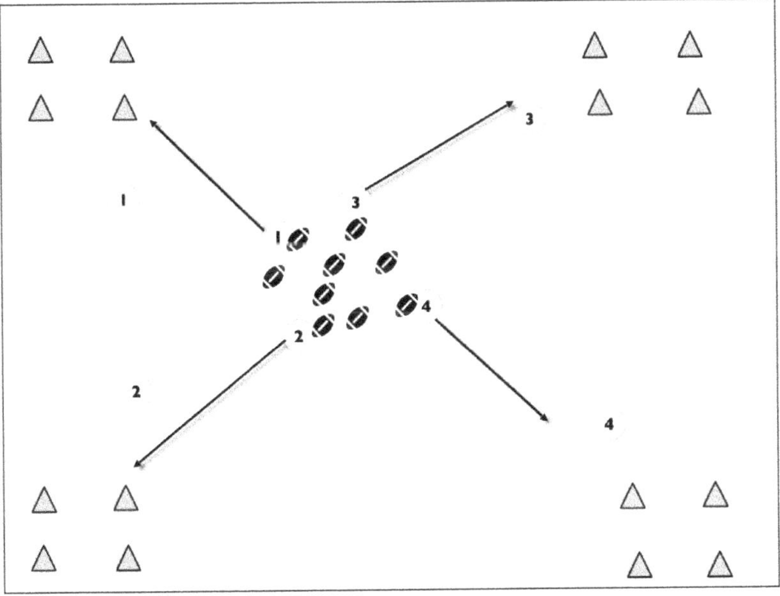

Ejercicio Nº 26	Objetivo Principal	Progresar	
	Objetivos Secundarios	Ocupar espacios libres, engañar	
Medios Técnico-Tácticos		Pase, fintas	
Jugadores	7 o más	Campo	10x10m
Material	9 conos y 1 balón	Tiempo	10min

Explicación

Este ejercicio consistirá de dos canales separados por una línea de conos. En el primero saldrán los atacantes realizando una línea de ataque sin oposición, a continuación se desplazarán hacia el segundo canal, en el cual encontrarán defensores a los que tendrán que superar.

Observaciones: Incidir sobre la importancia de la profundidad en ataque y la rápida recolocación tras realizar la primera línea.

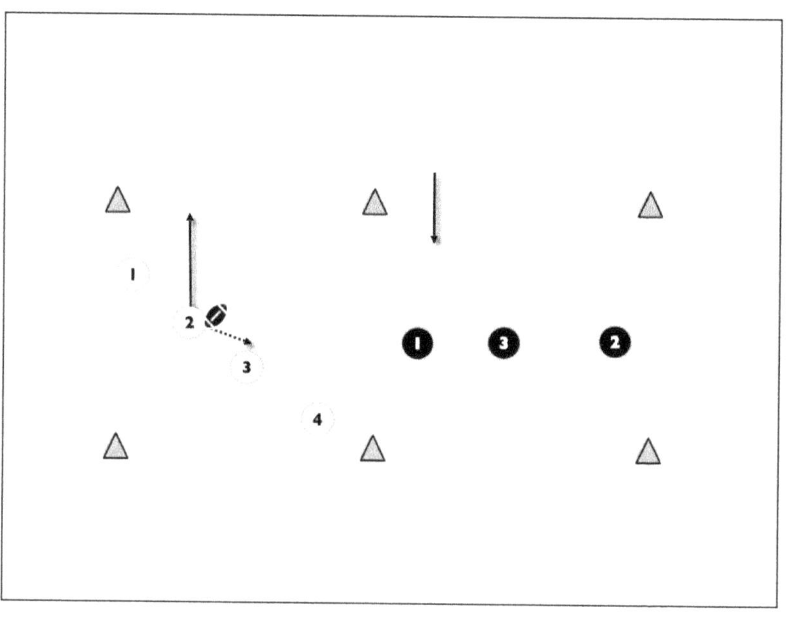

Ejercicio N° 27	Objetivo Principal	Fortalecer la comunicación	
	Objetivos Secundarios	Pasar, tomar decisiones	
Medios Técnico-Tácticos	Pase, carrera con balón		
Jugadores	2	Campo	10x5m
Material	5 conos y 1 balón	Tiempo	7min

Explicación

Los jugadores saldrán en parejas y tendrán que llegar al cono colocado al final, para ello deberán realizar una serie de pases y un cruce entre ellos antes de llegar a este para volver al principio. Ellos serán quienes decidan que acción llevar a cabo en cada cono. Debe haber mucha comunicación entre ellos. Cada vez que realicen el ejercicio pueden cambiar de secuencia las acciones.

Observaciones	La pelota no toca la camiseta, manos listas para recibirla con las palmas orientadas.

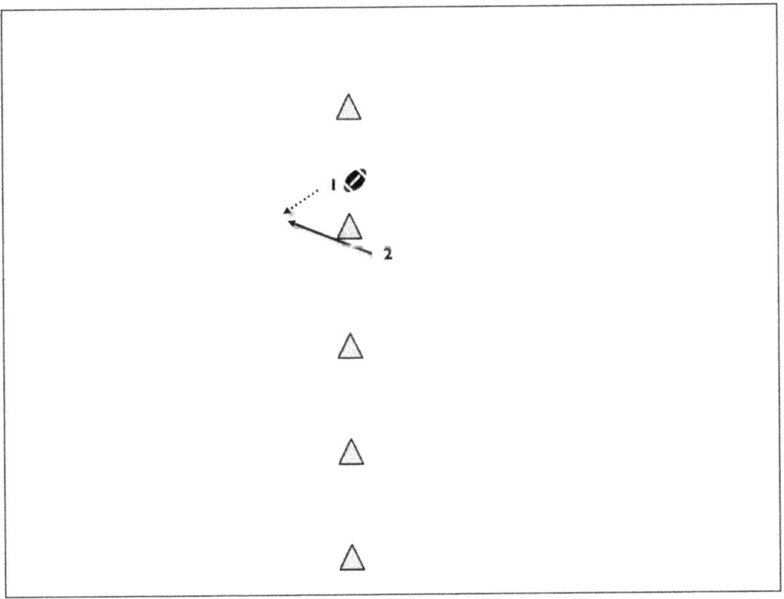

Ejercicio N° 28	Objetivo Principal	Evadir	
	Objetivos Secundarios	Fintar	
Medios Técnico-Tácticos		Carrera con balón, fintas	
Jugadores	8 o más	Campo	5x10m
Material	8 balones y 4 conos	Tiempo	8min

Explicación

Con este ejercicio trabajaremos la capacidad de reacción y de evasión cuando somos perseguidos por un defensor. Todos los jugadores se colocarán por parejas, a la cual darán la espalda, en línea y con un balón. Cada uno de la pareja tendrá un código (azul y rojo, par e impar...), el entrenador dirá uno de ellos y entonces este tendrá que correr hacia su zona de ensayo para intentar posar sin ser tocado. El defensor soltará su balón y correrá a intentar tocar antes de que llegue a ensayar. Para aumentar la dificultad se pueden cambiar los códigos o añadir más.

Observaciones: Pelota en ambas manos, mantener la posición de alerta.

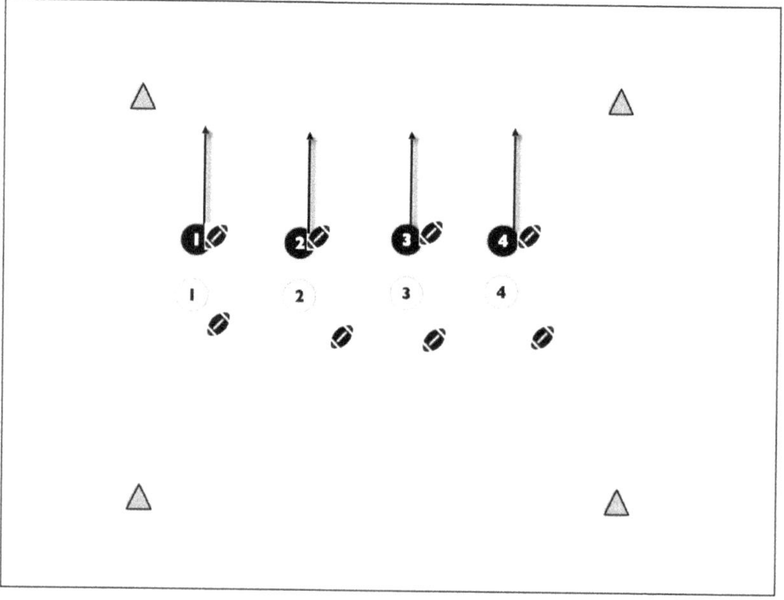

Ejercicio Nº 29	Objetivo Principal	Pasar	
	Objetivos Secundarios	Fortalecer comunicación	
Medios Técnico-Tácticos		Pase, ocupar espacios	
Jugadores	16	Campo	15x15m
Material	4 conos y 1 balón	Tiempo	10min

Explicación

Los jugadores se dividirán en 2 líneas de 4 en el cuadrado que formarán una L. El balón se encontrará en el jugador más alejado de una de las líneas. Se realizará una línea de pases normal dando el último pase hacia el primero de la otra línea. Según vaya transcurriendo el tiempo los jugadores tendrán que comenzar a introducir cruces en los extremos, redobles, saltos de jugador...

Observaciones: Comunicación efectiva entre los jugadores, empezar la carrera profundo, orientar las manos hacia el balón.

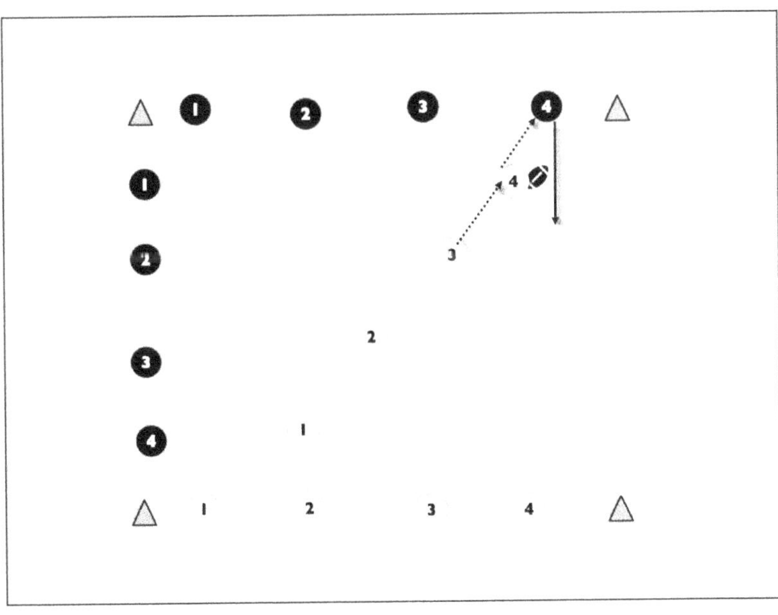

Ejercicio N° 30	Objetivo Principal	Ocupar espacios libres	
	Objetivos Secundarios	Evadir, progresar	
Medios Técnico-Tácticos	Pase, fintas, fijar al contrario		
Jugadores	8	Campo	30x20m
Material	4 conos y 1 balón	Tiempo	8min

Explicación

En este ejercicio existirán dos zonas de marca, una en cada extremo. Cada equipo formado por 4 jugadores tendrá que anotar la mayor cantidad de ensayos posibles. El jugador del balón no podrá moverse, siendo entonces los jugadores sin balón los cuales deben encontrar los espacios. Los jugadores que reciban deben encontrarse en movimiento, aunque al recibir se detengan, y para puntuar deben coger el balón dentro de la zona de marca.

Observaciones: Encontrar espacios para recibir balón, pelota sin tocar la camiseta.

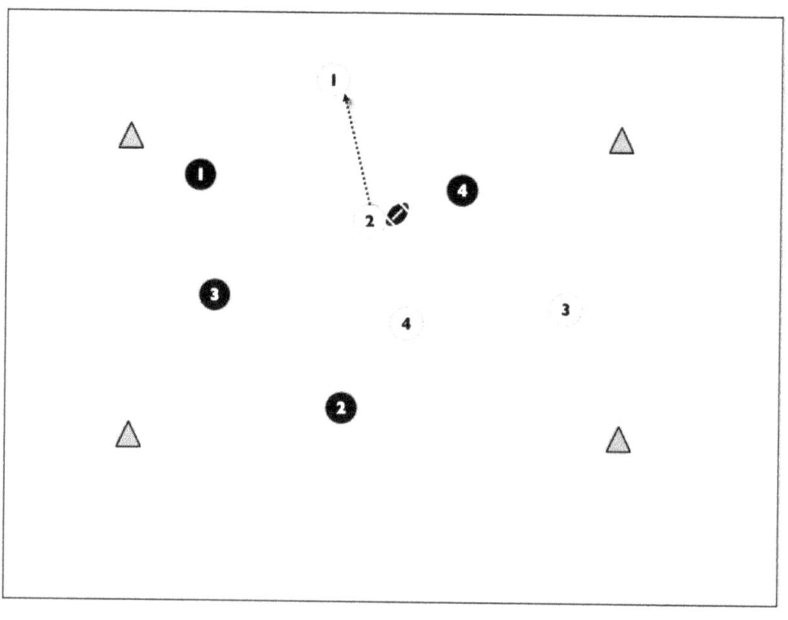

Ejercicio N° 31	**Objetivo Principal**	Evadir	
	Objetivos Secundarios	Buscar espacios libres	
Medios Técnico-Tácticos	Carrera con balón, ensayar		
Jugadores	8	Campo	20x20m
Material	8 conos y 1 balón	Tiempo	10min

Explicación

Colocaremos los conos formando dos cuadrados uno dentro del otro. En el más chico de 5x5m se encontrarán los atacantes con un balón y en el más grande de 20x20m los defensores. Los defensores no podrán entrar en el cuadrado más pequeño y deben evitar que los atacantes realicen un ensayo por fuera de su cuadrado, lo que supondría la obtención de un punto. Los poseedores de balón intentarán ensayar buscando el hueco entre los defensores, si son tocados deben volver a su cuadrado. Se cambiarán los roles alternativamente.

Observaciones: Acelerar cuando se encuentre el hueco.

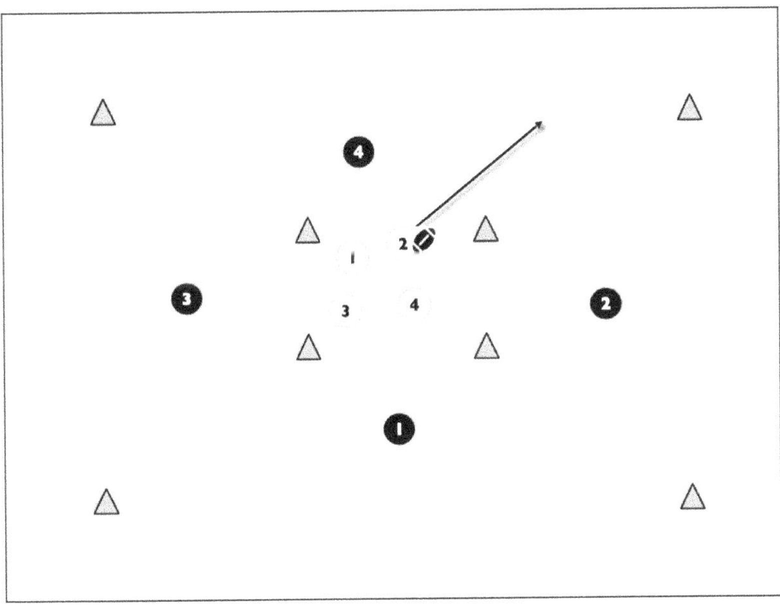

Ejercicio N° 32	Objetivo Principal	Progresar con balón	
	Objetivos Secundarios	Evadir	
Medios Técnico-Tácticos	Pases, fintas, carrera con balón		
Jugadores	6	Campo	20x40m
Material	4 conos y 1 balón	Tiempo	12min
Explicación			
Nos encontramos ante una situación de un 4vs2 en un espacio amplio. Los atacantes serán 4 y tendrán que ensayar en la zona de marca tras los defensores, estos pueden pasar entre ellos, evadir a los defensores con fintas o realizar movimientos ensayados como los cruces o redobles. Si se logra ensayar se invierte el sentido, buscando una rápida recolocación de la línea de ataque para atacar la zona de ensayo contraria.			
Observaciones	Ser conscientes del espacio para evitar salirse de los límites, buena capacidad de comunicarse, vista alzada para saber donde se encuentran los defensores en todo momento.		

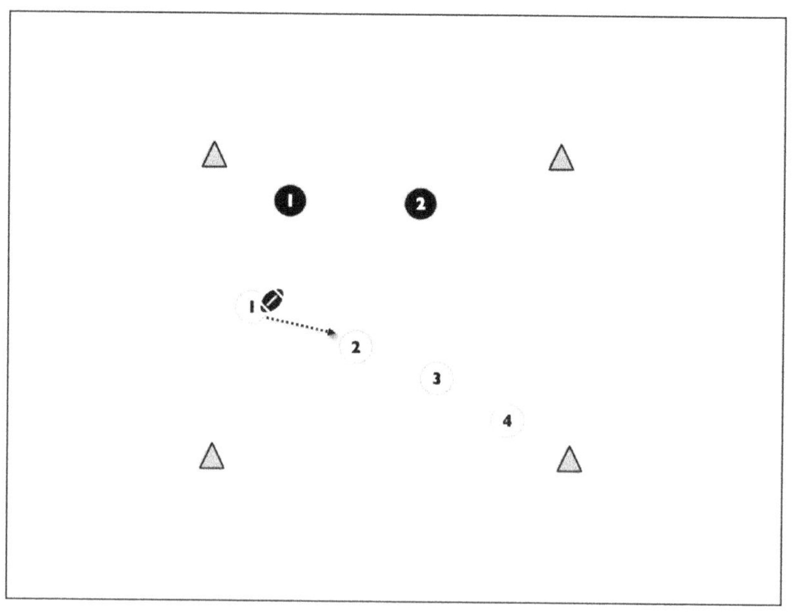

Ejercicio Nº 33	Objetivo Principal	Manejar rápido el balón	
	Objetivos Secundarios	Evadir	
Medios Técnico-Tácticos	Pase, desplazamientos, finta, carrera con balón		
Jugadores	12	Campo	Medio campo
Material	1 balón	Tiempo	15min

Explicación

En este ejercicio trabajaremos líneas de ataque con superioridad numérica para intentar ensayar, pero con la presencia de jugadores que ejercerán presión por detrás, por tanto debe haber mucho movimiento de balón en la línea. Los atacantes serán 5 y tendrán que superar primero a un defensor, luego a dos y por último a 4. Cada jugador superado tendrá que correr detrás de la línea de ataque para intentar tocar al portador y así cambiar los roles.

Observaciones	El balón tendrá que ir rápidamente de un extremo a otro para conseguir con mayor facilidad el objetivo.

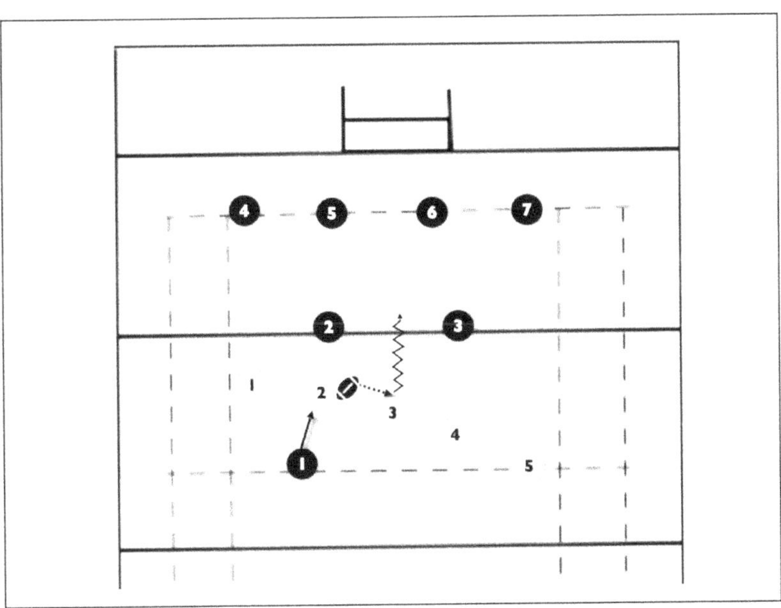

Ejercicio N° 34	Objetivo Principal	Ampliar espacio	
	Objetivos Secundarios	Ensayar, ocupar espacios libres	
Medios Técnico-Tácticos	Pases, ensayo, fintas, carrera con balón		
Jugadores	8	Campo	30x20m
Material	8 conos y 1 balón	Tiempo	12min

Explicación

Este ejercicio tendrá como propósito resolver una situación de 5vs3, pero con la peculiaridad que si el ensayo se realiza en los extremos de la zona de ensayo contará doble. Con esto intentamos promover la amplitud en el juego y un rápido movimiento de balón. Si los atacantes son tocados 5 veces se cambiarán los roles, así como si el balón cae al suelo. Pero siempre los atacantes serán 5 por lo que los defensores irán rotando.

Observaciones: Insistir en buscar los extremos, profundidad en el ataque.

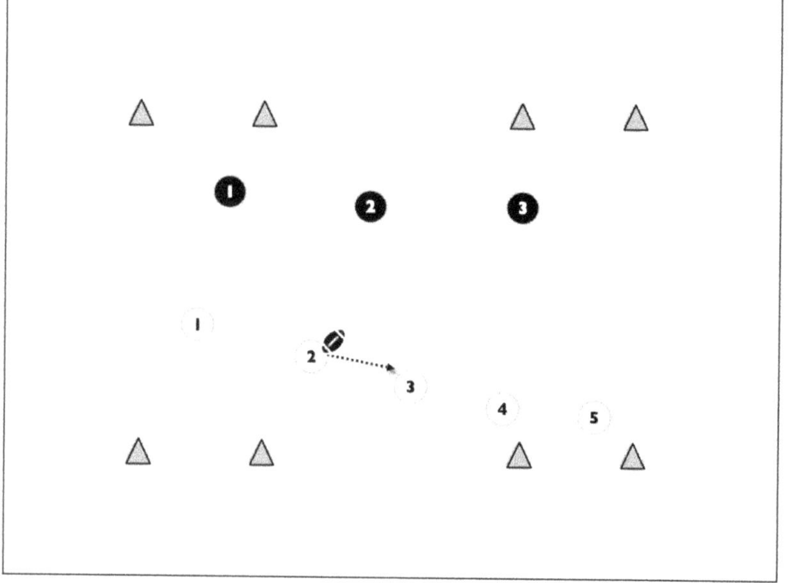

Ejercicio N° 35	Objetivo Principal	Engañar al oponente	
	Objetivos Secundarios	Progresar con balón, ampliar espacio	
Medios Técnico-Tácticos	Pases, fintas, carreras con balón		
Jugadores	6 u 8	Campo	5x15m
Material	1 balón y 4 conos	Tiempo	8min

Explicación

Este ejercicio ayudará a la práctica de jugadas en el ataque como los cruces, saltar a un jugador, redoble... Para llevarlo a cabo los 4 atacantes tendrán que salir agrupados de un cono para desplegarse en la línea de ataque y deberán superar dos líneas de presión en las que habrá un defensor en cada una. Solo será válido superar estas líneas con algún tipo de jugada. Podemos dar más dificultad al ejercicio añadiendo un jugador en cada línea de presión.

Observaciones: Insistir en la buena comunicación para evitar confusiones, balón sin tocar la camiseta para facilitar la salida rápida de balón.

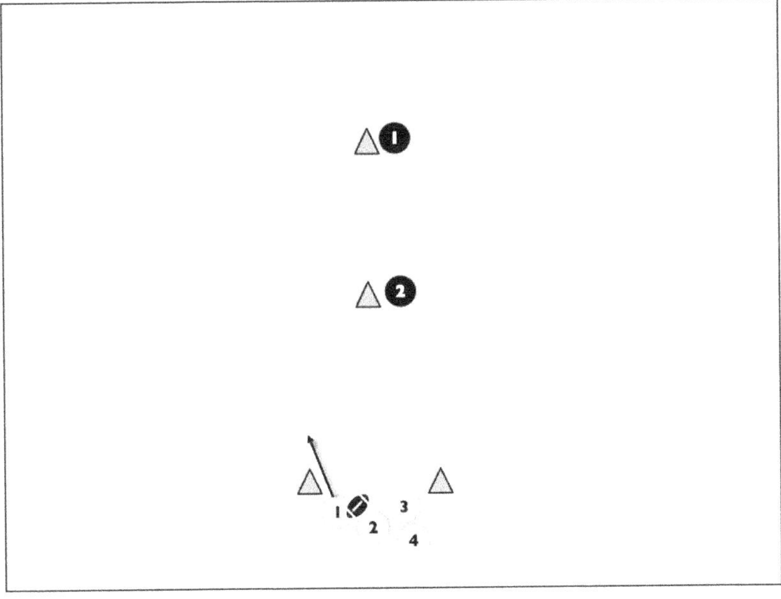

Ejercicio N° 36	Objetivo Principal	Recuperar la posesión	
	Objetivos Secundarios	Patear el balón	
Medios Técnico-Tácticos		Patada, recepción de balón	
Jugadores	8	Campo	20x20m
Material	1 balón y 8 conos	Tiempo	12 min
Explicación			
Colocaremos los conos formando un campo de tenis donde en lugar de haber red hay una zona muerta de 5 m donde no puede caer el balón. El jugador que tenga balón deberá patear al campo contrario, donde si bota dentro se convertirá en un punto. Si el balón es atrapado continua el juego y si sale fuera el balón se considera punto para el equipo receptor.			
Observaciones	Pelota sostenida con las dos manos y extendida hacia el pie, cabeza y hombros sobre el balón para evitar inclinarse hacia detrás, para recibir colocarse debajo del balón, postura ancha para contribuir al equilibrio.		

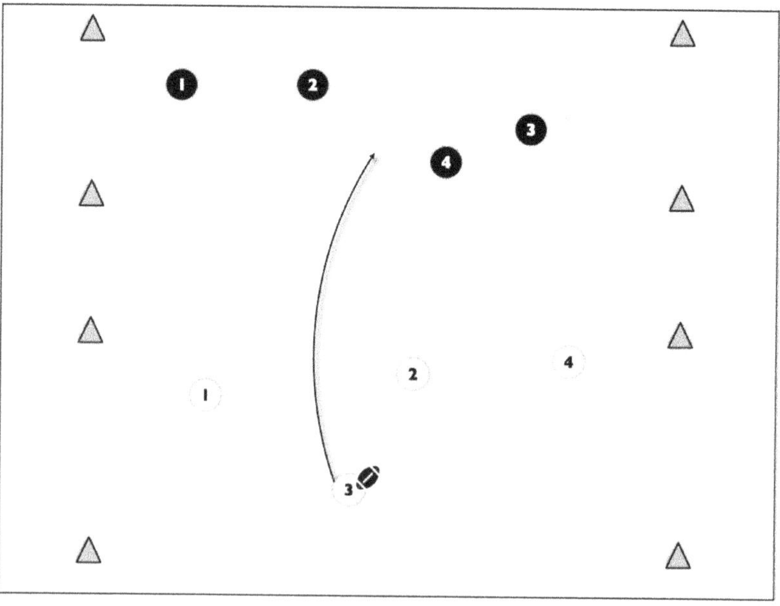

Ejercicio N° 37	Objetivo Principal	Recuperar la posesión	
	Objetivos Secundarios	Patear	
Medios Técnico-Tácticos	Pase, patada, recepción de balón		
Jugadores	12 o más	Campo	40x40m
Material	1 balón y 9 conos	Tiempo	15min

Explicación

En este juego conocido como 'rugby béisbol' dividiremos a los jugadores en dos equipos, uno atacantes y el otro defensor. Colocaremos unos conos delimitando el campo y otros para formar las bases por las que tendrán que pasar los jugadores para puntuar. Un jugador del equipo defensor, colocado en el centro de las 4 bases, pasará el balón al pateador del equipo atacante el cual tendrá que lanzar el balón alto, pero dentro del campo delimitado.

Si el balón es cogido en el aire el jugador volverá a la fila, pero si vota en el suelo tendrá que avanzar por las bases y los defensores deben hacer llegar el balón lo más rápido posible al compañero colocado en el centro de las bases. Los equipos cambiarán de rol tras 2 lanzamientos de cada jugador atacante. Podemos aumentar la dificultad añadiendo separación en las bases o si el balón es cogido en el aire cambio de todo el equipo.

Observaciones	Para atrapar la pelota colocarse debajo de esta, ponerse de costado, postura ancha para contribuir al equilibrio, para la patada cabeza y hombros sobre el balón para evitar inclinarse hacia detrás, pelota sostenida con las manos y extendida hacia el pie.

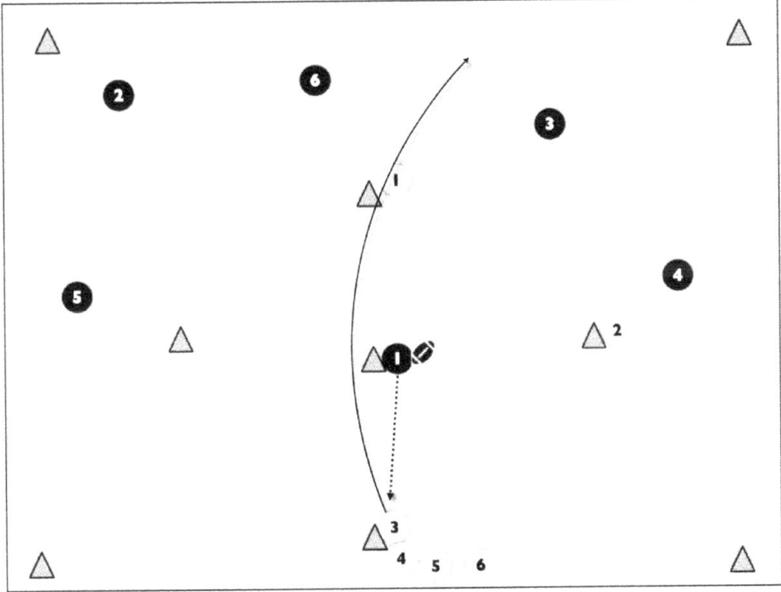

Ejercicio N° 38	Objetivo Principal	Desarrollar técnica de patear	
	Objetivos Secundarios	Atrapar el balón	
Medios Técnico-Tácticos		Patada, recepción de balón	
Jugadores	6 o más	Campo	10x5m
Material	3 balones	Tiempo	8 min

Explicación

Este juego nos servirá para mejorar la técnica de pateo de balón. Se distinguirán 3 niveles: oro plata y bronce. Cada dos jugadores tendrán un balón y el no poseedor se colocará en distintos sitios cada vez que el jugador con balón vaya a patear. Si la patada es precisa se otorgarán dos puntos para el lanzador y si recibe correctamente el compañero un punto. El primero que logre 13 puntos ganará y pasará a un nivel superior mientras el perdedor descenderá un nivel.

Observaciones	Pelota sostenida con ambas manos y extendida hacia el pie, dejar caer el balón sobre el empeine, cabeza y hombros sobre el balón para evitar inclinarse hacia detrás, colocarse debajo del balón, estirarse por la pelota con manos y brazos, postura ancha para contribuir al equilibrio, ponerse de costado.

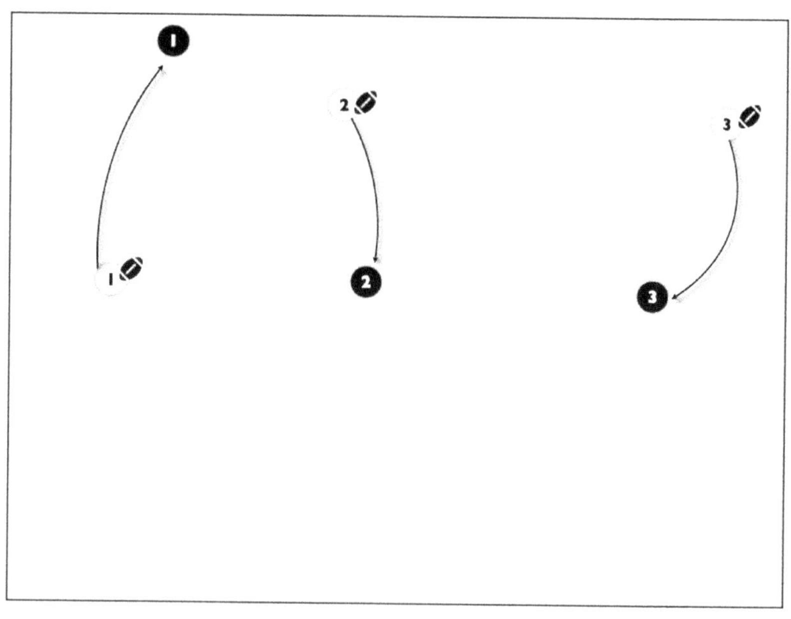

Ejercicio N° 39	Objetivo Principal	Practicar la patada	
	Objetivos Secundarios	Trabajar la recepción	
Medios Técnico-Tácticos		Patada, recepción	
Jugadores	8 o más	Campo	20x20m
Material	6 conos y 1 balón	Tiempo	12min
Explicación			
Los jugadores se dividirán en dos equipos, cada uno a un lado de la 'H'. Tendrán que patear el balón de manera que pase por dentro de la 'H' y entre dentro del campo contrario. Cada vez que el balón toque dentro del campo rival se otorgará un punto y si este diese fuera se restaría un punto.			
Observaciones	Insistir en una patada alta pero poco horizontal para evitar que salga del campo.		

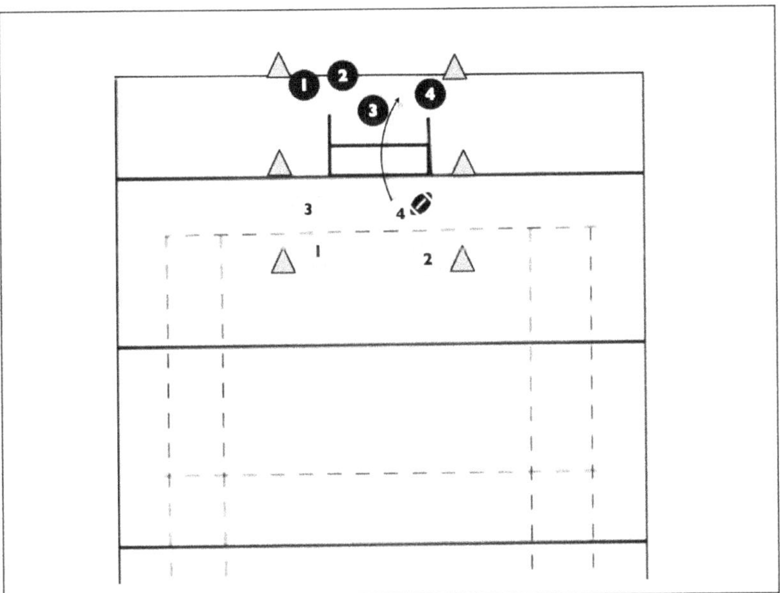

Ejercicio Nº 40	Objetivo Principal	Practicar la patada rasa	
	Objetivos Secundarios	Trabajar la percepción del espacio	
Medios Técnico-Tácticos		Patada	
Jugadores	10 o más	Campo	Medio campo
Material	1 conos y 10 balones	Tiempo	15min

Explicación

Para este ejercicio los jugadores se dividen en dos equipos. Se colocará en la línea de ensayo y desde ahí realizarán una patada rasa hacia el cono. El jugador que deje más cerca el balón recibirá 5 puntos, el segundo 4, el tercero 3 y el cuarto 1. El equipo con mayor puntuación ganará.

Observaciones: Importante que el balón sea golpeado por un pico del balón y no por el vientre del mismo, ya que perderíamos precisión.

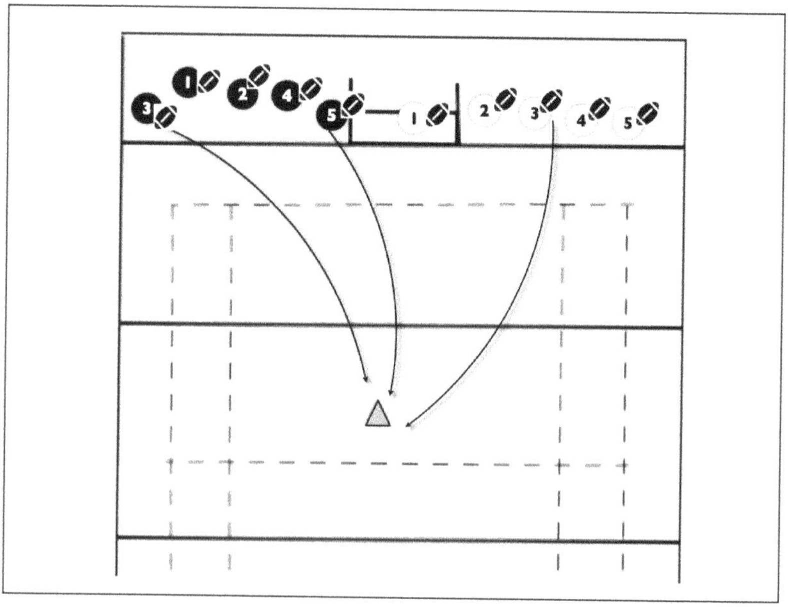

Ejercicio Nº 41	Objetivo Principal	Buscar los espacios libres	
	Objetivos Secundarios	Evadir a los defensores	
Medios Técnico-Tácticos	Pases, fintas, carrera con balón		
Jugadores	10 o más	Campo	20x20m
Material	4 conos, 4 petos y 1 balón	Tiempo	12 min

Explicación

Los jugadores tendrán que solventar situaciones de 5vs3. Se dividirán en dos equipos, teniendo 2 de cada equipo un peto. Estos jugadores no podrán defender, por tanto los atacantes tendrán que buscar el hueco en el que se encuentran estos para poder ensayar. Debe haber una buena comunicación para localizar rápidamente los huecos. Los petos irán rotando por todos los jugadores.

Observaciones	Tiene que haber comunicación para encontrar los huecos, para pasar debemos localizar al receptor y ver que esta preparado para atrapar el balón, acelerar cuando se encuentra el hueco para evitar ser tocado.

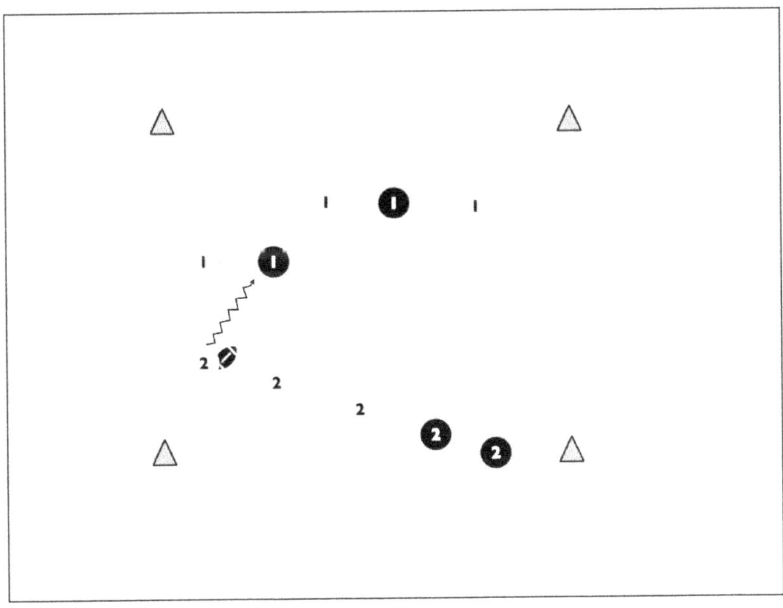

Ejercicio Nº 42	Objetivo Principal	Recolocar rápidamente el ataque	
	Objetivos Secundarios	Engañar al oponente, pasar, ensayar	
Medios Técnico-Tácticos	Fintas, pases, cruces, redobles, ensayo		
Jugadores	6	Campo	20x20m
Material	4 conos y 1 balón	Tiempo	12min
Explicación			
En este ejercicio buscaremos la rápida recolocación ofensiva y el redoble a la hora de atacar. Primero los jugadores tendrán que solventar una situación de 3vs2 fijando al defensor y pasando, una vez hayan superado esta línea el portador realiza un pase a uno de sus compañeros los cuales estarán redoblando y preparándose para un ataque 2vs1. Al superar la primera línea los no portadores se tendrán que colocar rápidamente para realizar el ataque ya que el defensor comenzará a presionar. Se ensayará una vez se haya superado al último defensor.			
Observaciones	Recolocación rápida ofensiva una vez solventada la primera situación, profundidad en el ataque, debe haber una buena comunicación para el ataque.		

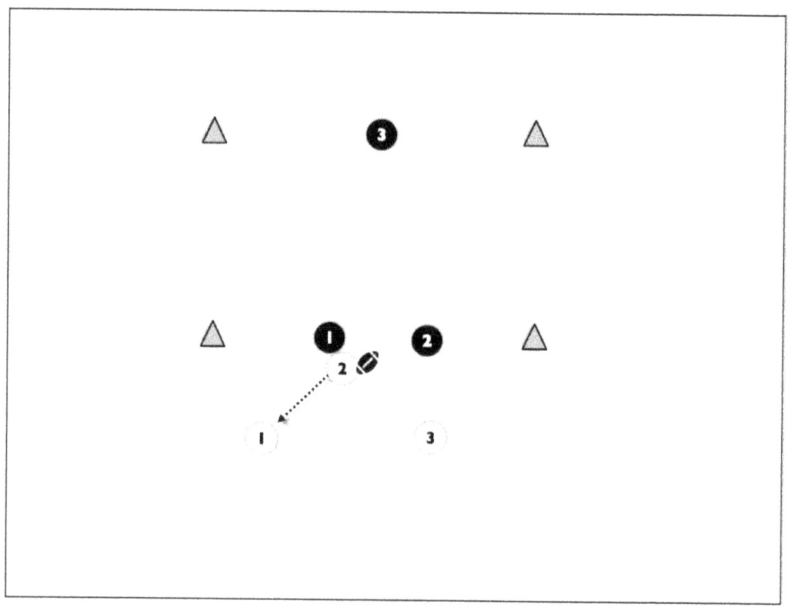

Ejercicio Nº 43	Objetivo Principal	Buscar el espacio libre	
	Objetivos Secundarios	Fomentar la comunicación	
Medios Técnico-Tácticos	Pases, ensayo, recepción en carrera		
Jugadores	8	Campo	10x10m,
Material	4 conos y 1 balón	Tiempo	10min

Explicación

En el rectángulo estarán situados 4 atacantes y 4 defensores enfrentados. Los atacantes estarán tumbados y de espaldas a la zona de ensayo y los defensores se podrán de acuerdo para que uno de ellos no salga a presionar, siendo una situación de 4vs3.
El jugador que ensayará será el que no tenga defensor, por tanto para que le llegue rápidamente el balón debe haber una buena comunicación y velocidad en los pases.

Observaciones	Balón no toca la camiseta, buena comunicación, orientar las manos extendidas para recibir.

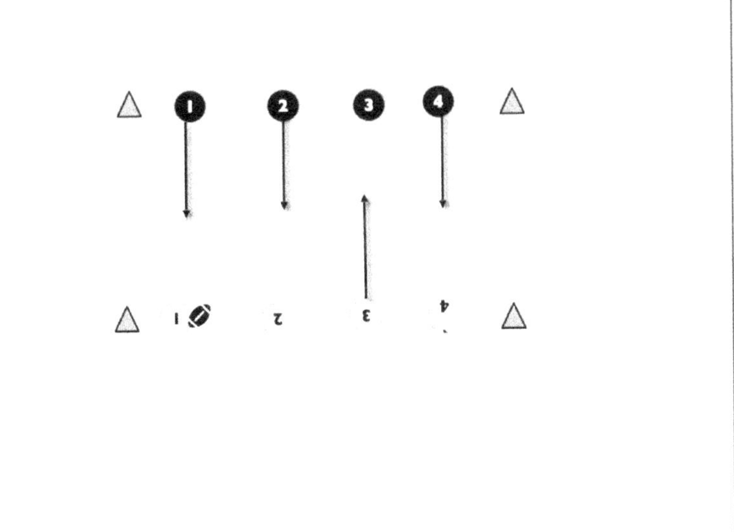

Ejercicio N° 44	Objetivo Principal	Organizar contraataque	
	Objetivos Secundarios	Buscar espacios libres	
Medios Técnico-Tácticos	Pases, carrera con balón, ensayo, fintas		
Jugadores	10 o más	Campo	40x40m
Material	4 conos y 1 balón	Tiempo	15min
Explicación			
Dividiremos a los jugadores en dos equipos y dispondremos a cada uno en su parte del campo, colocándose 3 delante y 2 detrás. El entrenador pateará a uno de los dos lados y este equipo se convertirá en el equipo atacante, saliéndose los 2 jugadores más atrasados del otro equipo para crear una situación de superioridad ofensiva. El receptor de dicha patada será uno de los más atrasados y comenzará el contraataque, mientras el otro lo apoya por detrás por si fuese tocado. El portador de balón buscará poner en juego a sus compañeros más adelantados para así poder ensayar. La defensa subirá a presionar.			
Observaciones	Apoyo al portador de balón, buscar la profundidad y recolocación en el ataque, el balón tendrá que llegar a los extremos de la línea para crear espacios al ampliar el campo.		

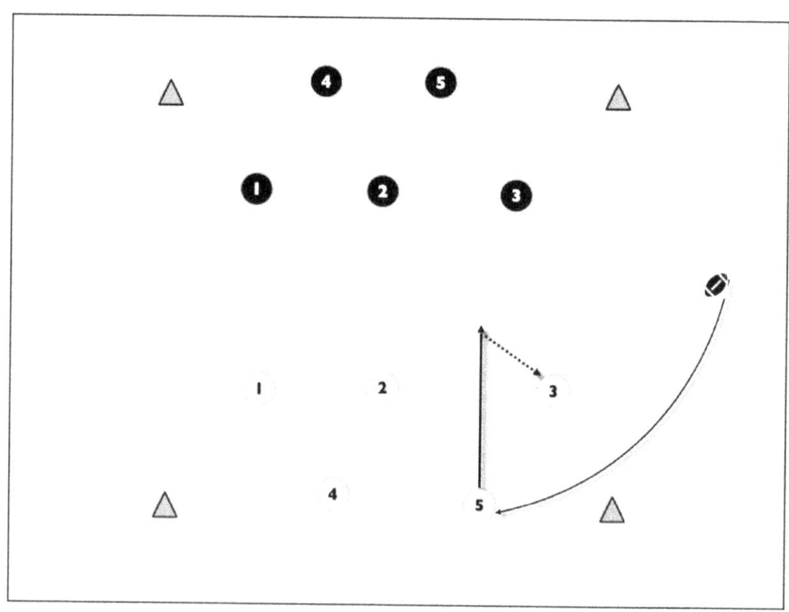

Ejercicio N° 45	Objetivo Principal	Buscar el espacio libre	
	Objetivos Secundarios	Fomentar la comunicación	
Medios Técnico-Tácticos	Pase, finta, carrera con balón		
Jugadores	4 o más	Campo	15x15m
Material	2 sacos, 2 conos y 1 balón	Tiempo	10min

Explicación

Para este ejercicio colocaremos a los jugadores en dos filas, un pasador en un lado, dos sacos uno delante de cada fila y un jugador detrás de estos. El juego comienza desde el jugador en el lateral que realizará un primer pase, en este instante los primeros de las filas corren a atacar y el jugador detrás del saco defiende uno de los espacios, derecha o izquierda.
El segundo jugador tendrá que percibir por donde le defienden para colocarse en el lado libre y pedir el balón (larga o corta) al primero que ha recibido del lateral. Estos pases tendrán que hacerse antes de llegar a los sacos. Cambiaremos el lugar de donde sale el balón, para realizar pases al otro lado también.

Observaciones: Debe haber comunicación para que el primer jugador sepa rápidamente que fuerza debe imprimirle al pase, cambiar el ritmo de carrera al entrar en el espacio libre.

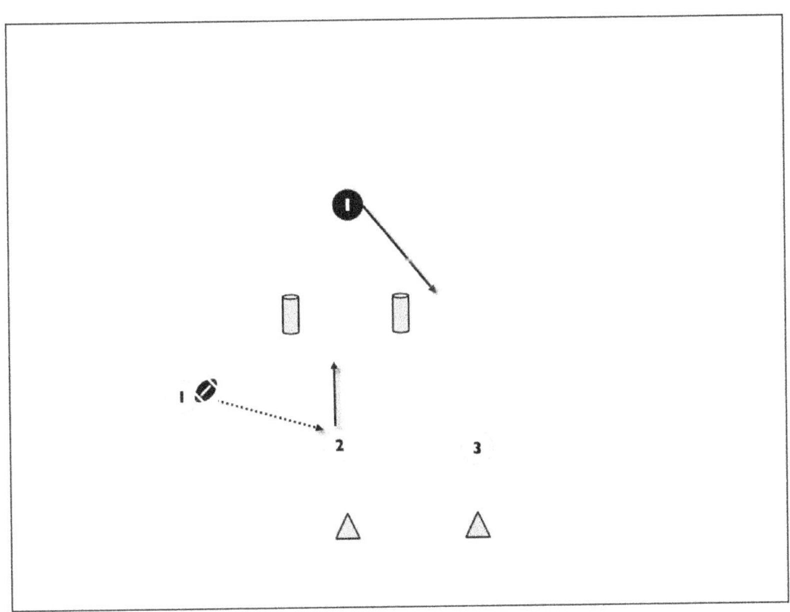

Ejercicio N° 46	Objetivo Principal	Evadir	
	Objetivos Secundarios	Engañar al oponente	
Medios Técnico-Tácticos		Finta, carrera con balón	
Jugadores	2 o más	Campo	5x10m
Material	5 conos y 1 balón	Tiempo	10min

Explicación

En un lateral del rectángulo se colocará un cono con dos filas de jugadores y el entrenador. Esta será una situación de 1vs1, en la que el entrenador entregará el balón a uno de los dos de la fila. Al recibir ambos tendrán que entrar en el campo por los extremos del rectángulo teniendo que ensayar el portador de balón y evitarlo el defensor.

Observaciones: Evitar irse al lado más alejado si no vemos el hueco ya que nos quedaremos sin campo para realizar fintas, balón pegado a la camiseta.

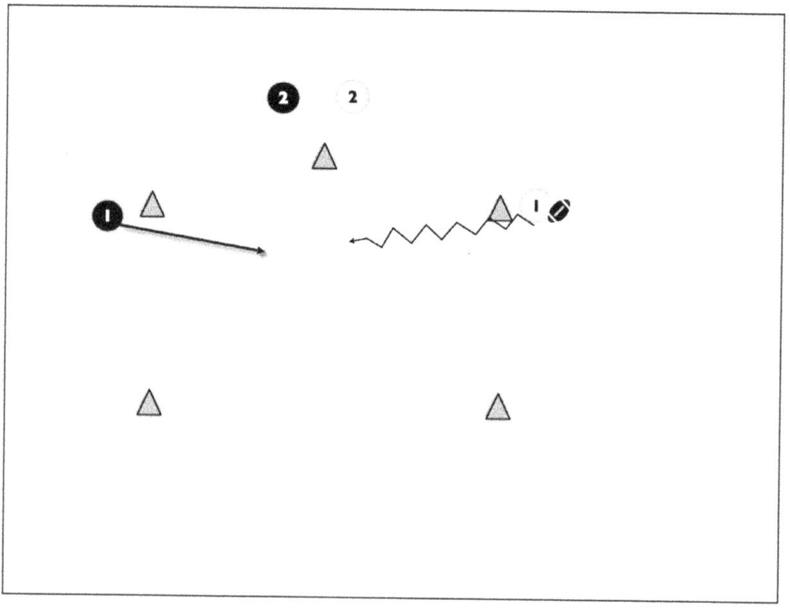

Ejercicio Nº 47	Objetivo Principal	Crear espacios libres	
	Objetivos Secundarios	Ensayar, engañar al oponente	
Medios Técnico-Tácticos	Pase, finta, carrera con balón		
Jugadores	6 o más	Campo	5x10
Material	5 conos y 1 balón	Tiempo	15min

Explicación

En un lateral del rectángulo se colocará un cono con dos filas de jugadores y el entrenador. En este ejercicio trabajaremos las situaciones de 2vs1. El entrenador entregará el balón a uno de los primeros de la fila, el cual tendrá un apoyo. Los jugadores entrarán en el campo por los extremos del rectángulo e intentarán ensayar evadiendo al defensor. Podrán ensayar ambos atacantes, por tanto buscaremos engañar al oponente para fijarlo y tener un espacio libre.

Observaciones: Balón no pegado a la camiseta para facilitar el pase, no correr en oblicuo ya que facilitamos el trabajo de la defensa.

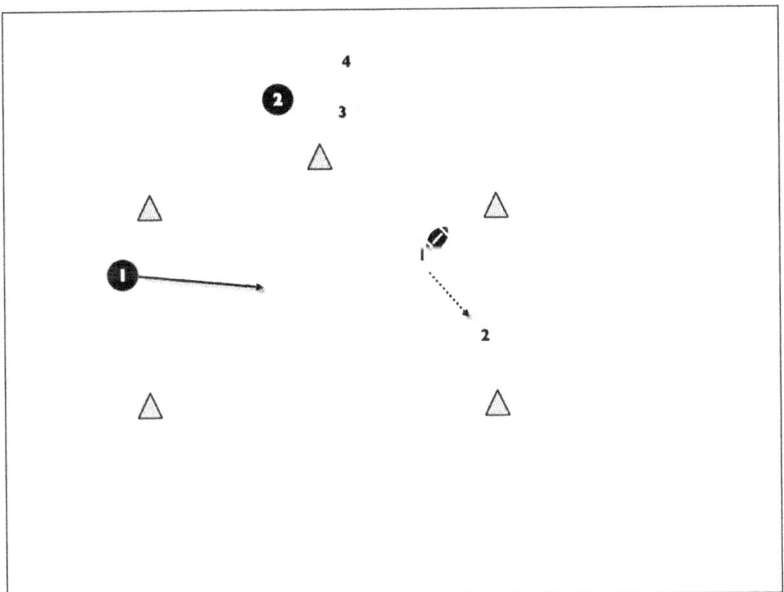

Ejercicio Nº 48	Objetivo Principal	Buscar el espacio libre	
	Objetivos Secundarios	Pasar bajo presión	
Medios Técnico-Tácticos	Pase, carrera con balón		
Jugadores	5 o más	Campo	5x5m
Material	5 conos y 1 balón	Tiempo	10min
Explicación			
Trabajaremos una situación de 3vs2 reducida en la que los dos primeros pasadores tendrán un oponente a pocos metros, de esta manera deberán realizar rápidamente la recepción y pase de balón. No realizar un pase horizontal, por tanto cuando tenemos el balón tenemos que avanzar antes de pasar. Presión de la defensa muy alta. El último jugador tendrá que entrar para atacar rápido el espacio libre.			
Observaciones	El último jugador tendrá que indicar si viene muy cerca, lejos, profundo o plano, balón no pegado a la camiseta para facilitar un pase rápido de balón, orientarse y presentar las manos extendidas para recibir.		

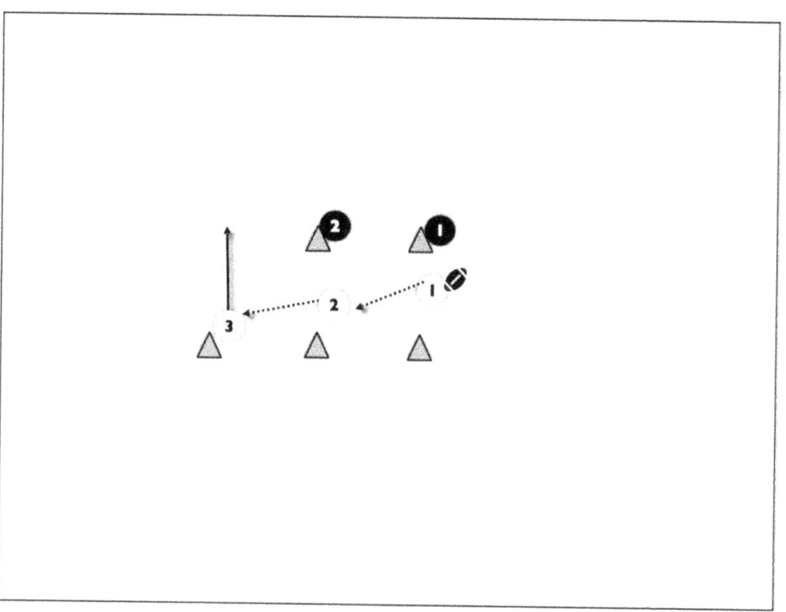

Ejercicio N° 49	Objetivo Principal	Engañar al oponente	
	Objetivos Secundarios	Ensayar	
Medios Técnico-Tácticos	Fintas, carrera con balón, ensayo		
Jugadores	2 o más	Campo	10x10m
Material	5 conos y 1 balón	Tiempo	12 min
Explicación			
Colocaremos dos filas enfrentadas, con un cono en el centro y dos a sus lados alejados 5 m. Una de las filas tendrá balón y este será el que tenga que ir a tocar el cono del centro y posteriormente ensayar en uno de los dos conos de los lados. Para ello tendrá que engañar al defensor el cual tratará de tocarlo a partir de que el otro pise el cono central.			
Observaciones	Balón pegado a la camiseta para evitar que se lo quiten fácilmente o se le caiga durante la carrera.		

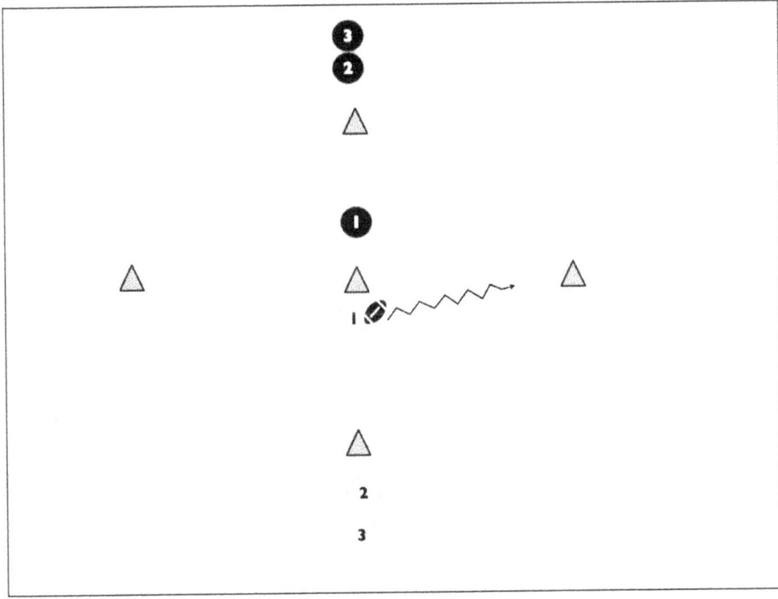

Ejercicio N° 50	**Objetivo Principal**	Fijar al defensor	
	Objetivos Secundarios	Buscar los espacios libres	
Medios Técnico-Tácticos	Pase, evasión del contrario, carrera con balón		
Jugadores	6 o más	Campo	3x10m
Material	6 conos y 1 balón	Tiempo	12min
Explicación			
Como podemos ver en la representación gráfica los atacantes se colocarán en fila para salir y superar a los defensores en un espacio reducido. El portador de balón deberá fijar al defensor para realizar un pase al espacio libre donde entrará en carrera el compañero. Esto se realizará hasta 3 veces, siendo el primer portador el que debe apoyar a su compañero en el último duelo de 2vs1.			
Observaciones	Balón no toca la camiseta, el portador debe elegir un lado para dejar espacio libre, apoyo debe comunicarle por donde se encuentra (cerca, lejos, izquierda, derecha…).		

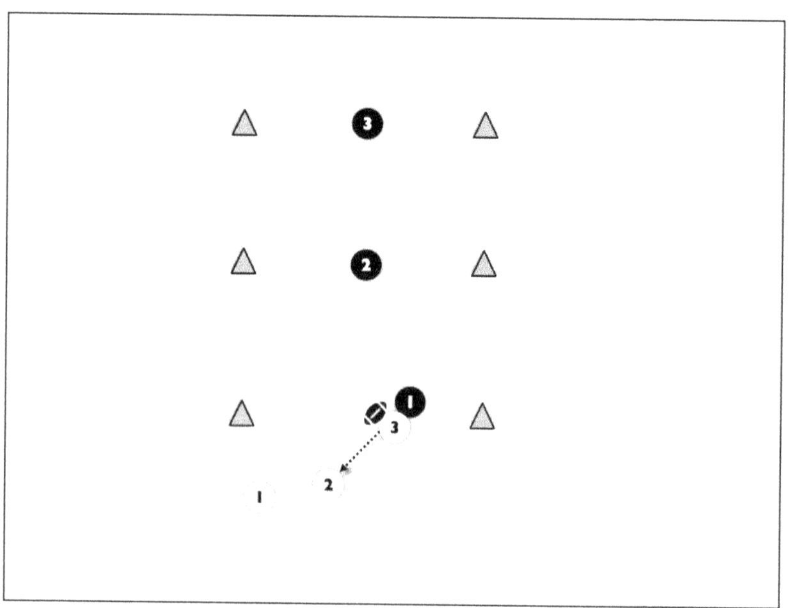

Ejercicio Nº 51	**Objetivo Principal**	Evadir al defensor	
	Objetivos Secundarios	Buscar espacios libres	
Medios Técnico-Tácticos	Pase, finta, carrera con balón, jugadas(cruces, redoble…)		
Jugadores	10 o más	Campo	10x15m
Material	5 conos y un balón	Tiempo	15min
Explicación			
En un lateral del rectángulo se colocarán los jugadores divididos en dos filas y el entrenador. En este ejercicio trabajaremos el ataque en diferentes situaciones, 3vs2, 4vs3, 4vs2… El entrenador tendrá el balón y se lo entregará al primero de alguna de las dos filas diciendo a la vez dos números (4 y 2= 4vs2), siendo el primero el de los atacantes siempre. Todos tendrán que darle la vuelta al cono en el extremo del rectángulo ya continuación ensayar o tratar que no lo consigan.			
Observaciones	Balón no toca la camiseta, intentar fijar al defensor si hay igualdad o poca superioridad, si hay mucha superioridad buscar que el balón llegue al extremo rápidamente.		

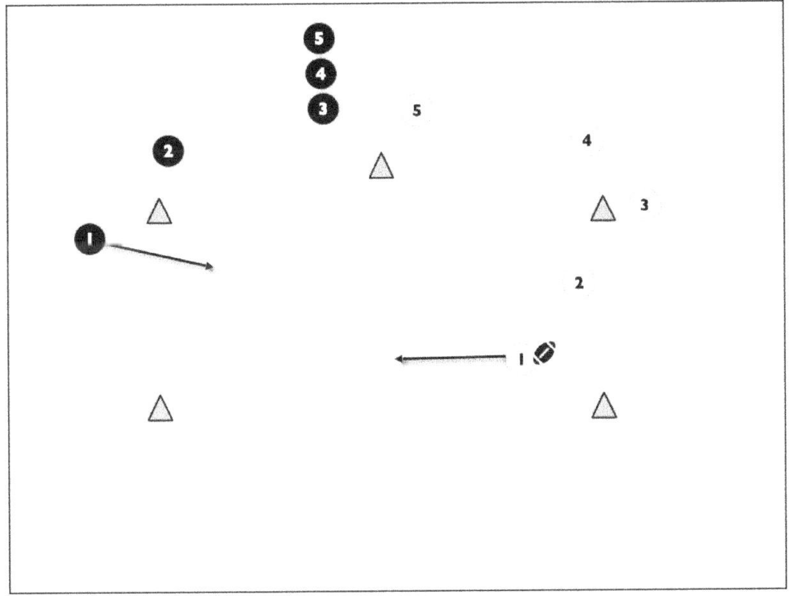

Ejercicio N° 52	Objetivo Principal	Evadir a los defensores	
	Objetivos Secundarios	Trabajar comunicación en defensa	
Medios Técnico-Tácticos	Desplazamientos, carrera con balón		
Jugadores	13	Campo	Un semicírculo
Material	12 balones y 4 conos	Tiempo	10min
Explicación			
En este ejercicio los jugadores se dividirán en dos equipos, los que atacan siempre serán 7 y los defensores 5. Los balones se encontrarán dentro de un semicírculo el cual se encuentra protegido por los defensores aunque no puedan pisarlo. Los atacantes tratarán de sacar tantos balones como puedan sin ser tocados durante 5 min. A continuación se cambiarán los roles, el equipo que más balones haya conseguido sacar gana.			
Observaciones	El jugador que haya sido tocado tendrá que devolver el balón dentro del semicírculo.		

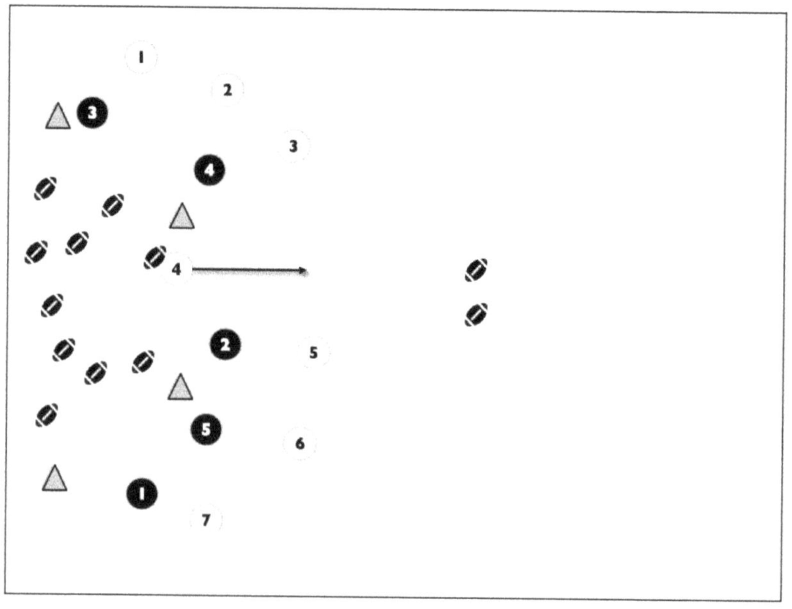

Ejercicio N° 53	Objetivo Principal	Buscar espacios libres	
	Objetivos Secundarios	Recibir el balón, pasar, engañar al defensor	
Medios Técnico-Tácticos	Pase, carrera con balón, finta, recepción de balón		
Jugadores	10 o más	Campo	15x15m
Material	4 conos y 1 balón	Tiempo	15min
Explicación			
Este juego consistirá en el pañuelo adaptado al rugby. Para ello usaremos un balón como pañuelo, se colocará el entrenador en el centro, los jugadores a los lados. El entrenador pateará el balón y a continuación dirá 1,2 o 3 números, teniendo que salir estos a por el balón e intentar ensayar en el lado contrario.			
Observaciones	Orientarse de lado para nuestro campo, por si se nos cae no provocar 'avant'. Colocarse debajo del balón para recibir, debe haber comunicación para encontrar el hueco libre rápidamente.		

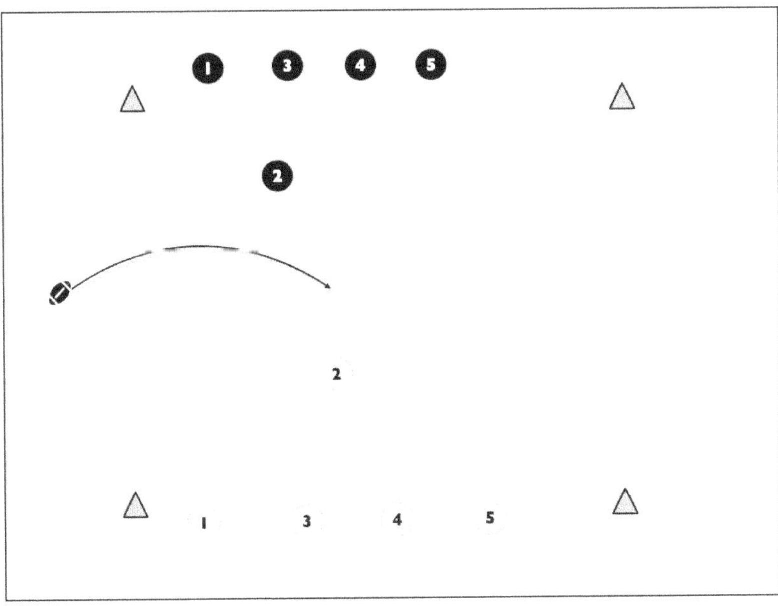

<table>
<tr><td rowspan="2">Ejercicio N° 54</td><td>Objetivo Principal</td><td colspan="2">Ampliar la visión durante la realización de pases</td></tr>
<tr><td>Objetivos Secundarios</td><td colspan="2">Apoyar al compañero</td></tr>
<tr><td>Medios Técnico-Tácticos</td><td colspan="3">Pase, carrera con balón, recepción de balón</td></tr>
<tr><td>Jugadores</td><td>10 o más</td><td>Campo</td><td>20x20m</td></tr>
<tr><td>Material</td><td>10 conos y 5 balones</td><td>Tiempo</td><td>10min</td></tr>
<tr><td colspan="4">Explicación</td></tr>
<tr><td colspan="4">Los jugadores se encontrarán en un cuadrado, con conos repartidos dentro de este, pasando el balón entre todos ellos sin parar de moverse, siendo el pase siempre hacia detrás. Los conos colocados serán de distintos colores. Con este ejercicio trabajaremos la percepción visual de lo que ocurre a nuestro alrededor mientras a su vez pasamos el balón. El entrenador dirá un color y tendrán que irse al cono correspondiente si en 3seg no llegan tendrá que desplazarse en posición de melé durante la siguiente ronda.

Para añadirle dificultad si el profesor levanta una mano harán una sentadilla y si levanta las dos una flexión.</td></tr>
<tr><td>Observaciones</td><td colspan="3">Jugadores corriendo mirando hacia delante para percibir con rapidez los estímulos, brazos estirados pidiendo balón siempre que no se tenga, vigilar los 'avant'.</td></tr>
</table>

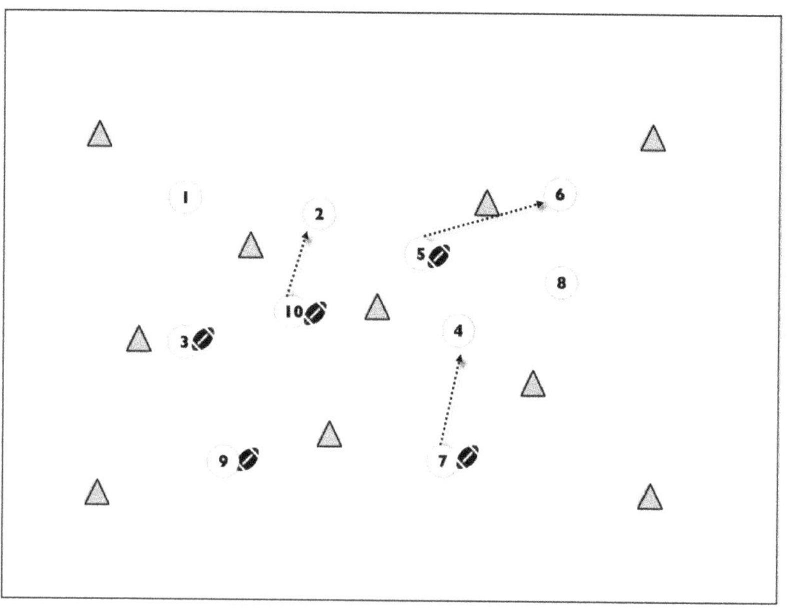

Ejercicio Nº 55	Objetivo Principal	Trasladar rápidamente el balón al extremo	
	Objetivos Secundarios	Pasar	
Medios Técnico-Tácticos	Pase, carrera con balón, recepción		
Jugadores	8 o más	Campo	15x15m
Material	6 conos y 2 balones	Tiempo	12min

Explicación

Se colocarán dos líneas desplegadas de ataque una frente a la otra a la misma distancia de una zona de ensayo común. Ambas pasarán para el mismo sentido. Tendrá que ensayar el último de la línea, pasará por todos los integrantes y ganará punto el que ensaye antes . Se realizarán varias rondas cambiando el sentido del pase.

Observaciones: Balón separado de la camiseta, orientado hacia el balón para recibir y poder pasar más rápido.

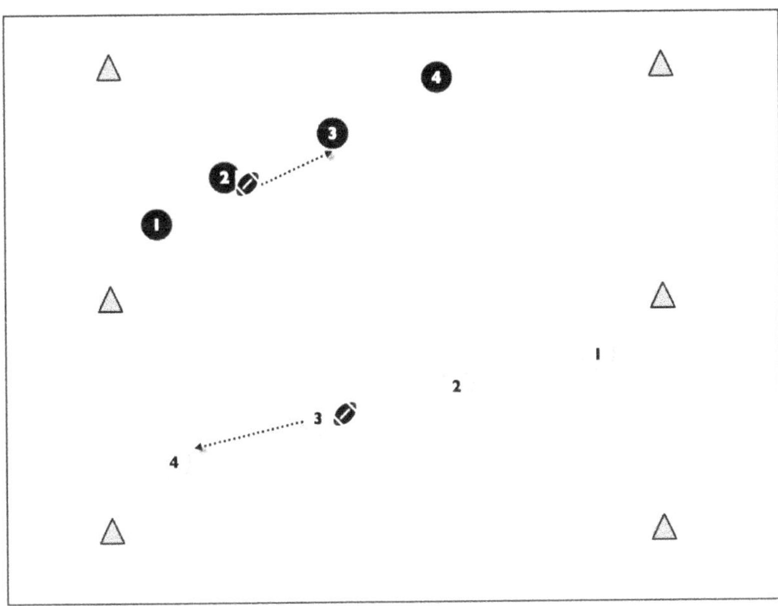

Ejercicio Nº 56	Objetivo Principal	Organizar el ataque	
	Objetivos Secundarios	Buscar los espacios libres, apoyar al jugador con balón	
Medios Técnico-Tácticos	Pase, finta, jugadas (redoble, cruces...)		
Jugadores	8 o más	Campo	20x20m
Material	6 conos y 2 balones	Tiempo	12min
Explicación			
Los jugadores se dividirán en dos equipos y se colocarán de espaldas entre ellos a lo largo de una línea. Justo delante de cada equipo habrá un cono el cual deberán tocar y un balón. El entrenador otorgará a cada uno un número, el número que sea dicho será el que coja el balón después de tocar el cono y su equipo el que atacará hacia la zona de ensayo contraria. Mientras tanto los defensores también tocarán su cono y subirán a presionar.			
Observaciones	El portador tendrá que ocupar un lateral del campo para dar más posibilidades al ensayo, los apoyos han de ser constantes aunque se haya pasado el balón.		

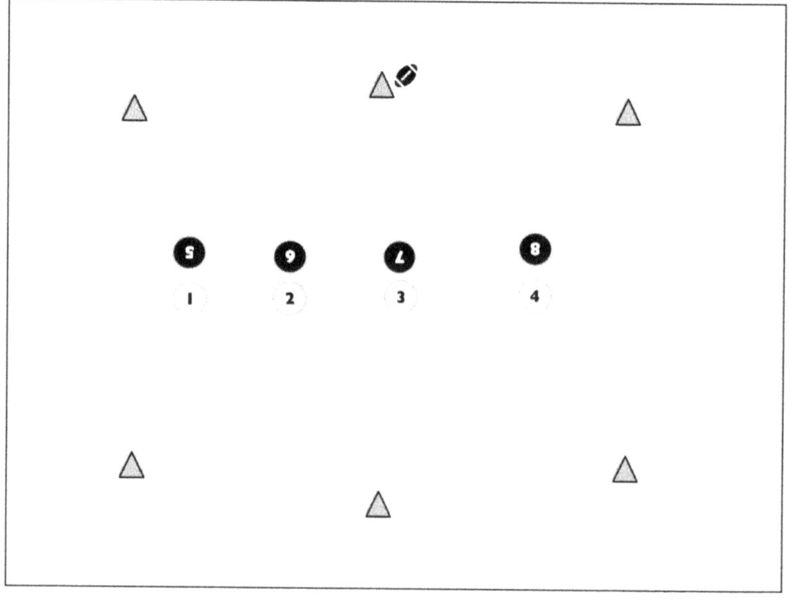

Ejercicio N° 57	Objetivo Principal	Organizar un ataque con presión	
	Objetivos Secundarios	Engañar a los defensores, pasar, buscar el espacio libre	
Medios Técnico-Tácticos	Pase, finta, ensayo, carrera con balón		
Jugadores	7	Campo	30x30m
Material	3 conos y 2 balones	Tiempo	15min
Explicación			

Para este ejercicio se colocarán 4 jugadores por parejas en un extremo del campo, los cuales pasarán el balón entre ellos en corto. Cuando el entrenador de la señal los dos primeros salen a atacar y los que están más atrasados saldrá el portador de balón atacando y el otro correrá en defensa para intentar tocar a los atacantes.

Tendrán que pasar una primera línea en la que habrá un defensor y una vez rebasada una segunda línea en la que habrá otros dos, teniendo en cuenta que en todo momento son perseguidos por un defensor que intentará recuperar la posesión.

Observaciones	Insistir en continuos pases para evitar ser tocados por el persecutor, promoviendo la aparición de espacios libres. Orientarse hacia el portador para recibir y apoyarlo por si fuese tocado.

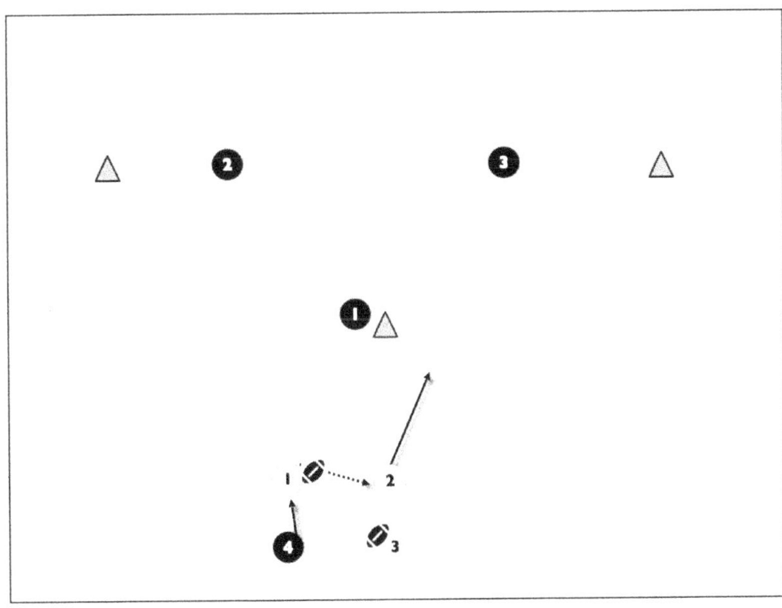

<table>
<tr><td colspan="2">Ejercicio Nº 58</td><td>Objetivo Principal</td><td colspan="2">Buscar dónde hay más espacio libre</td></tr>
<tr><td colspan="2"></td><td>Objetivos Secundarios</td><td colspan="2">Pasar, correr con balón, apoyar al compañero</td></tr>
<tr><td>Medios Técnico-Tácticos</td><td colspan="4">Pase, jugadas (cruces, redobles...), finta</td></tr>
<tr><td>Jugadores</td><td>8</td><td>Campo</td><td colspan="2">2 de 10x20m</td></tr>
<tr><td>Material</td><td>7 conos y 1 balón</td><td>Tiempo</td><td colspan="2">12min</td></tr>
<tr><td colspan="5">Explicación</td></tr>
<tr><td colspan="5">Para este ejercicio se dividirá el campo en dos, de manera que en uno de ellos habrá 2 defensores y en otro 3, esto lo decidirán entre ellos y casi al mismo tiempo en que salen los oponentes. Los atacantes se encontrarán en el otro extremo de espaldas y en cuanto el entrenador de la señal saldrán corriendo a atacar uno de los dos espacios tratando que haya menos defensores para conseguir ensayar más fácilmente.</td></tr>
<tr><td>Observaciones</td><td colspan="4">Debe haber una comunicación precisa para facilitar la búsqueda de espacios libres, guardar la profundidad, orientarse hacia el portador con las manos estiradas para recibir.</td></tr>
</table>

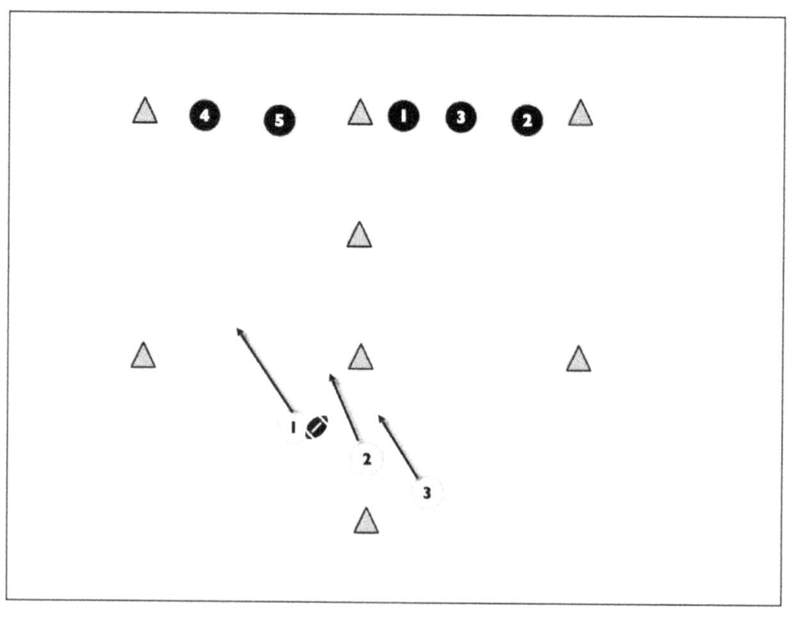

Ejercicio Nº 59	Objetivo Principal	Organizar contraataque	
	Objetivos Secundarios	Pasar, engañar al oponente	
Medios Técnico-Tácticos	Pase, finta, correr con balón, recepción del balón, patada		
Jugadores	6 o más	Campo	20x20m
Material	4 conos y 3 balones	Tiempo	15min

Explicación

Este ejercicio servirá para entrenar los contraataques cuando nos patean un balón a nuestro campo por detrás de todos los defensores. Se dividen en 2 equipos, los cuales por parejas enfrentadas comenzarán a pasarse el balón consecutivamente, cuando el entrenador de la señal los jugadores sueltan todos el balón menos el n°3 el cual pateará por detrás de los otros jugadores.
A continuación los defensores tendrán que ir a su zona de marca para poder subir a defender, mientras tanto los atacantes bajarán a coger el balón y montar el contraataque e intentar ensayar.

Observaciones	Todos los atacantes deberán bajar para ponerse en juego por detrás del balón, debe realizarse rápidamente antes de que la defensa consiga colocarse agrupada siendo más difícil encontrar espacios.

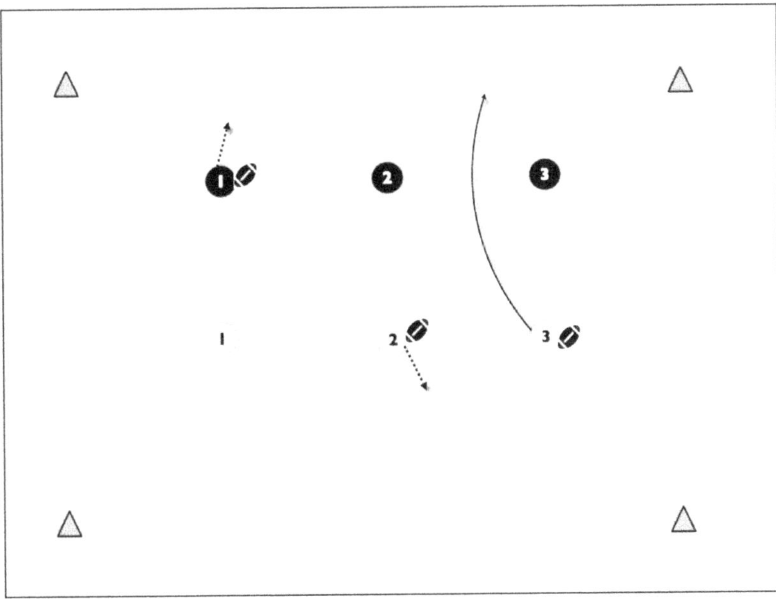

Ejercicio N° 60	Objetivo Principal	Solventar situaciones en los extremos	
	Objetivos Secundarios	Engañar al oponente	
Medios Técnico-Tácticos		Pase, jugadas, fintas	
Jugadores	7	Campo	Todo el campo
Material	1 balón	Tiempo	15min

Explicación

En este ejercicio entrenaremos principalmente cómo se solventar situaciones cuando el balón llega a los extremos de la línea. Los jugadores formarán una línea de ataque en la que las esquinas habrá un defensor al que tendrán que superar y para ello tendrán que usar alguna jugada. Los atacantes usarán recursos como cruces, redobles, un salto de jugador… Tendrán que ir cambiando los roles a medida que transcurre el ejercicio.

Observaciones	Comunicación clara para solventar rápidamente las situaciones y no cometer errores. Guardar suficiente profundidad, por si recibes un pase saltando a un jugador.

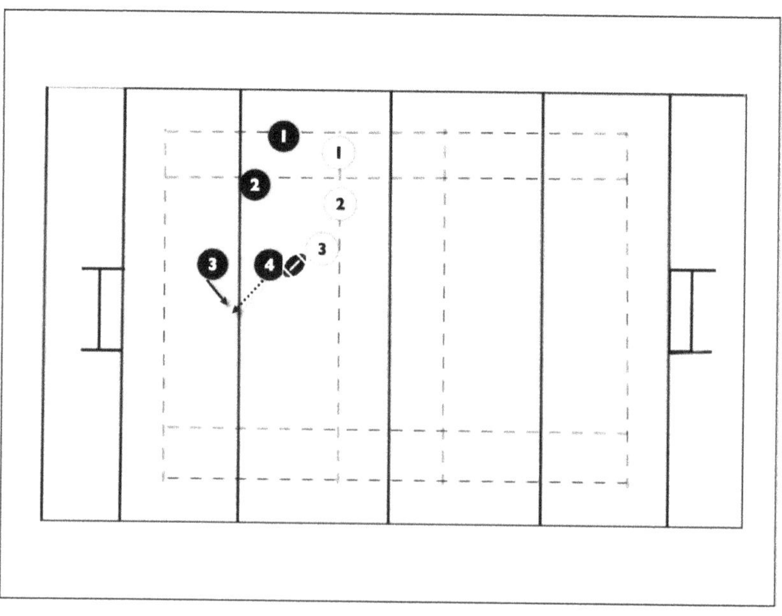

Ejercicio Nº 61	Objetivo Principal	Buscar espacios libres	
	Objetivos Secundarios	Engañar al oponente	
Medios Técnico-Tácticos	Pase, finta, carrera con balón, jugadas		
Jugadores	8	Campo	15x15m
Material	1 balón y 4 conos	Tiempo	15min

Explicación

Los jugadores se dividirán en dos equipos. La línea que ataca se encontrará preparada y desplegada para realizar el ataque. La defensa se ubicará desorganizada en el lateral del campo, de manera que cuando el otro equipo comience a atacar tendrán que defender ocupando el máximo espacio posible para evitar que ensayen. Los atacantes buscarán ensayar aprovechando los desajustes y los espacios libres de la defensa mientras se reorganizan.

Observaciones: Como se trata de buscar los desajustes en la organización, el ataque debe ser rápido. Balón no toca la camiseta, comunicación precisa, los apoyos han de ofrecerse.

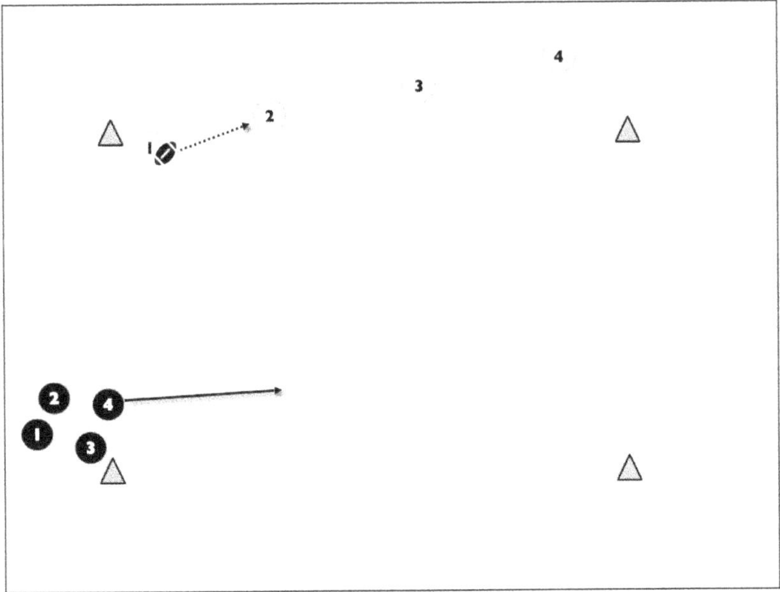

Ejercicio Nº 62	Objetivo Principal	Provocar la aparición de espacios	
	Objetivos Secundarios	Fomentar la comunicación	
Medios Técnico-Tácticos	Pase corto, pase largo, finta, carrera con balón		
Jugadores	7	Campo	20x20m
Material	1 balón y 6 conos	Tiempo	15min

Explicación

En este ejercicio trabajaremos tanto el ataque en penetración como el ataque desplegado. Para ello saldrá un equipo de 4 jugadores tratando de superar a los defensores en un zona espacio reducido, haciendo pases en corto y al eje. Una vez hayan superado a los defensores atacarán hacia el otro sentido y desplegados, los mismos defensores se irán colocando para defender el otro espacio una vez hayan sido superados.

Observaciones: Apoyos muy cerca en el juego en penetración y en el juego desplegado provocar la aparición de espacios libres.

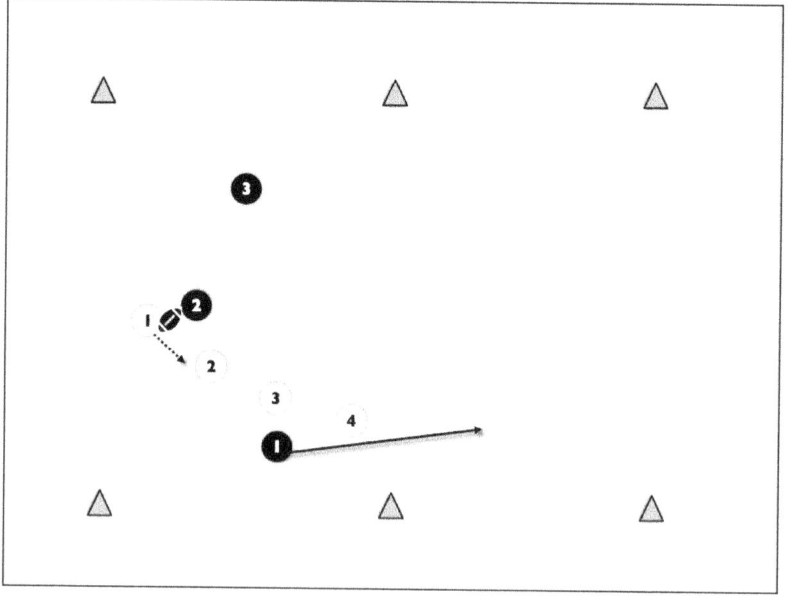

Ejercicio Nº 63	**Objetivo Principal**	Agarrar el balón	
	Objetivos Secundarios	Buscar espacios libres	
Medios Técnico-Tácticos		Recepción, pase, finta	
Jugadores	4	Campo	15x10m
Material	4 conos y 1 balón	Tiempo	10min
		Explicación	
Este ejercicio buscará la toma de decisiones cuando se recibe el balón en el inicio del partido. Los jugadores se colocarán en una fila en un lado del rectángulo. El entrenador pateará el balón hacia este, los 3 primeros saldrán a atacar y el cuarto jugador tendrá que defender. Si el defensor tocase al portador, este tendrá que pasar el balón al eje a un compañero y buscarán el ensayo.			
Observaciones	Insistir en la correcta recepción de balón, girando el cuerpo por si se cayese no hacer avant. Importante el apoyo cercano de los no portadores y ofrecerse a recibir.		

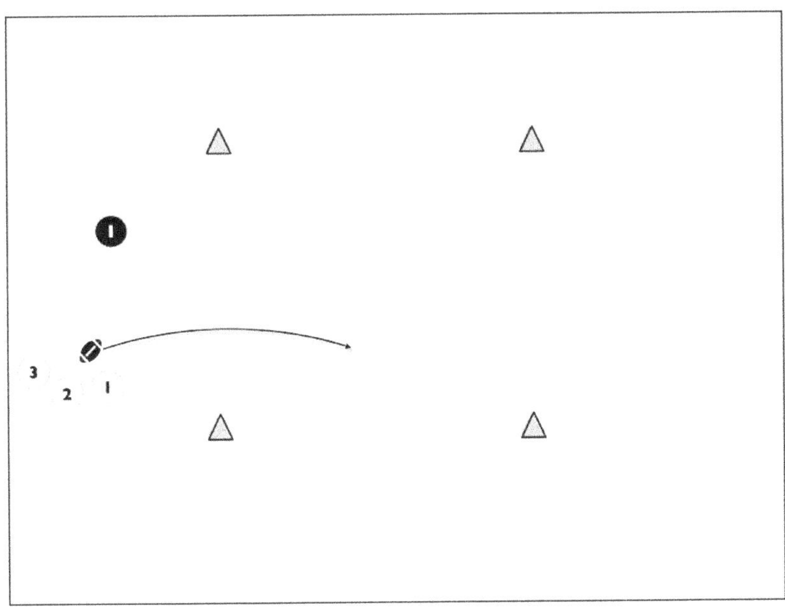

Ejercicio N° 64	Objetivo Principal	Formar rápido la línea de ataque	
	Objetivos Secundarios	Buscar espacios libres	
Medios Técnico-Tácticos	Pase, finta, carrera con balón, jugadas		
Jugadores	8	Campo	20x15m
Material	4 conos y 1 balón	Tiempo	15min
Explicación			
Los dos equipos se encontrarán dentro del rectángulo, colocados en la mitad y pasándose entre ellos el balón. Uno de los jugadores actuará como comodín y siempre acompañará al ataque para crear situaciones de superioridad numérica. Cuando el entrenador de la señal, el equipo que posea el balón tendrá que correr hacia su zona de ensayo para posteriormente salir corriendo e intentar. Los defensores tendrán que ir hacia su zona de marca para posteriormente colocarse a defender.			
Observaciones	Los no portadores deben estar apoyando y ofreciéndose a recibir, evitar que se alejen mucho del portador. El portador ha de seguir por su 'carril' si no fuese posible realizar un pase a uno de los compañeros.		

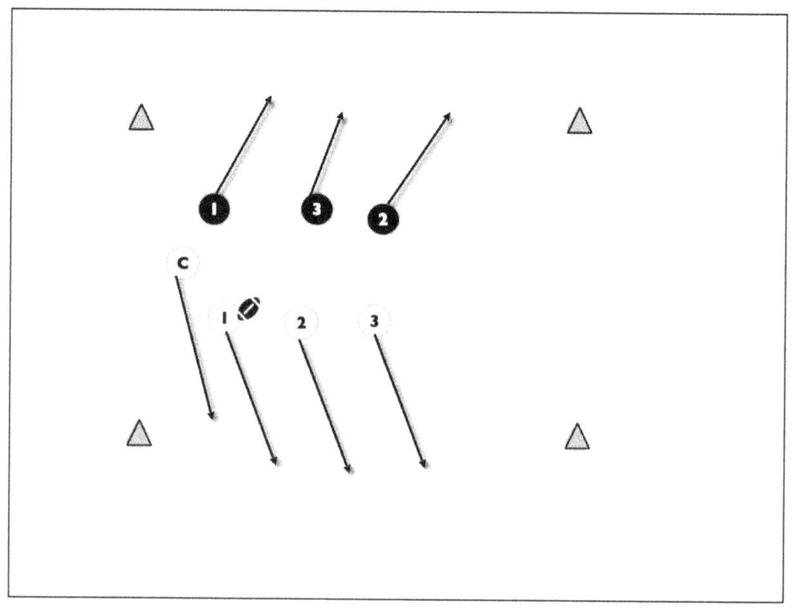

Ejercicio Nº 65	Objetivo Principal	Formar rápido la línea de ataque y defensa	
	Objetivos Secundarios	Buscar espacios libres	
Medios Técnico-Tácticos	Pase, finta, jugadas, carrera con balón		
Jugadores	8	Campo	20x20m
Material	4 conos y 1 balón	Tiempo	15min

Explicación

Se dividen en dos equipos, cada uno de ellos intentará ensayar, una vez lo consigan deberán seguir jugando pero atacando a la que antes era su zona de ensayo. De esta manera se tendrán que rearmar rápidamente el ataque y la defensa, para atacar en el otro sentido y evitar ser ensayados.

Observaciones: Una vez se ensaye los compañeros del portador de balón tendrán que correr para ponerse en juego por detrás del balón, pudiendo ser un apoyo en caso de necesitarlo su compañero.

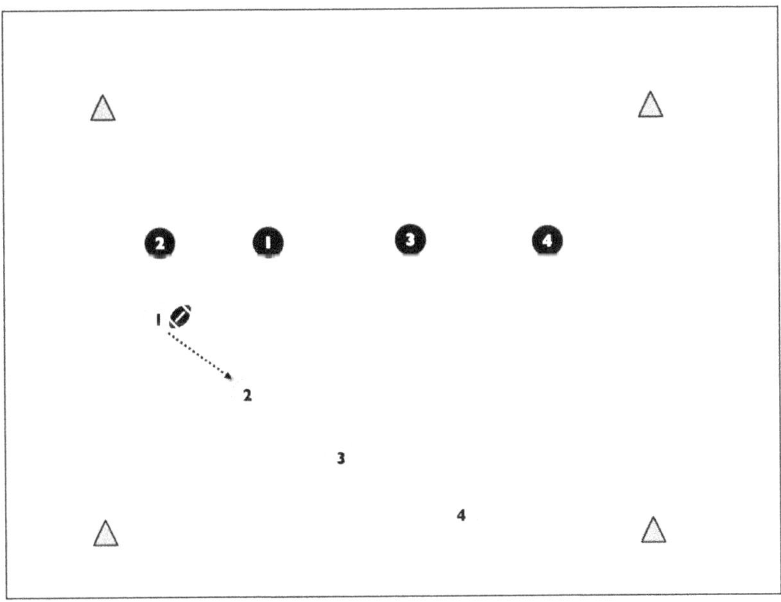

Ejercicio N° 66	Objetivo Principal	Trabajar el offload	
	Objetivos Secundarios	Buscar el espacio libre	
Medios Técnico-Tácticos		Offload, recepción	
Jugadores	7	Campo	15x5m
Material	7 conos y 1 balón	Tiempo	10min

Explicación

4 jugadores se colocarán en un lado del campo en fila con un balón. Otros 3 se colocarán de forma escalonada a lo largo del rectángulo para defender. Cada vez que los atacantes se crucen con un defensor el portador deberá dejarse agarrar por la cintura para a continuación hacer un pase por detrás de la espalda del defensor a uno de sus compañeros. Según vayamos practicando aumentaremos la intensidad.

Observaciones: El portador de balón debe procurar ser agarrado en uno de los laterales del campo, para así dejar libre el mayor espacio posible a sus compañeros.

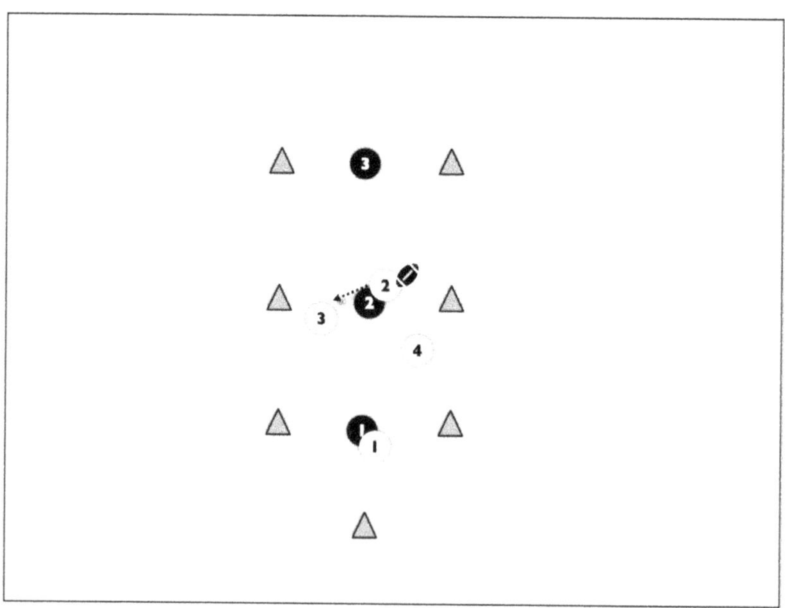

Ejercicio N° 67	Objetivo Principal	Trabajar posición de ruck	
	Objetivos Secundarios		
Medios Técnico-Tácticos		Posición de ruck	
Jugadores	8 o más	Campo	10x10m
Material	4 conos	Tiempo	12min

Explicación

Este juego servirá tanto para perfeccionar la técnica del ruck como para calentar en un entrenamiento o previo a un partido. Se colocarán los jugadores en parejas y dispuestos hombro con hombro con un cono en el medio. Cuando el entrenador de la señal empezarán a empujar ambos, el primer que logre dejar detrás de sus pies el cono ganará. Cambiaremos de parejas cada 3 'asaltos'.

Observaciones — Cuanto más bajemos el centro de gravedad más difícil de mover seremos.

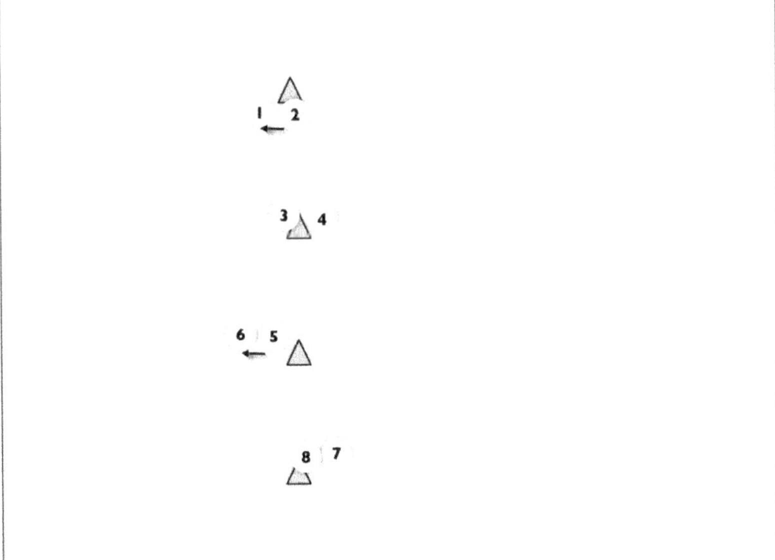

Ejercicio Nº 68	Objetivo Principal	Trabajar entrada al ruck	
	Objetivos Secundarios	Trabajar defensa del ruck	
Medios Técnico-Tácticos	Posición de ruck, desplazamiento		
Jugadores	4 o más	Campo	10x10m
Material	1 balón y 3 conos	Tiempo	10min
Explicación			
Los jugadores se dividirán en dos filas tal y como vemos en la representación gráfica. Saldrá un jugador de cada fila, el primero en llegar al ruck se colocará de forma que sea difícil desplazarlo de su posición, el segundo tratará de quitar al defensor para poder hacerse con la posesión del balón.			
Observaciones	El defensor tratará de bajar el centro de gravedad lo máximo posible y el atacante procurará bajar lo máximo para posteriormente hacerlo subir y desestabilizarlo.		

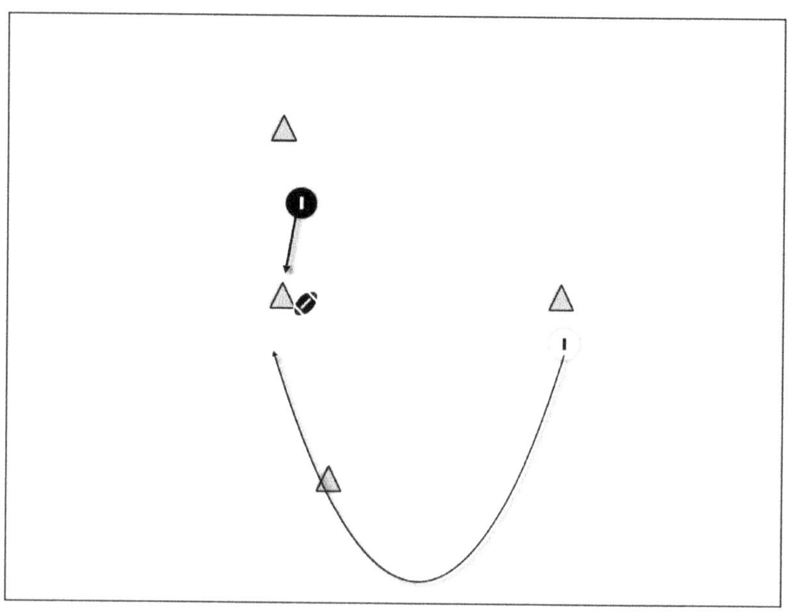

Ejercicio Nº 69	Objetivo Principal	Trabajar posición defensiva en ruck	
	Objetivos Secundarios	Progresar con el balón	
Medios Técnico-Tácticos	Placaje, pase, desplazamientos		
Jugadores	8	Campo	Medio campo
Material	9 conos y 1 balón	Tiempo	15min
Explicación			
Trabajaremos la posición que tendrán que tomar los defensores cuando se produzca un placaje. Para ellos se colocarán en línea 5 defensores y en el otro lado 3 atacantes. A la señal del portador de balón, los jugadores se desplazarán hacia el ruck, ocupando las posiciones de postes y eje, así como un jugador más abierto en cada lado. A continuación el portador decidirá cómo atacar para intentar sortear la defensa.			
Observaciones	Importante comunicarse para indicar hacia donde se dirige cada defensor al subir. Estar atento para bascular si el balón es pasado hacia los lados.		

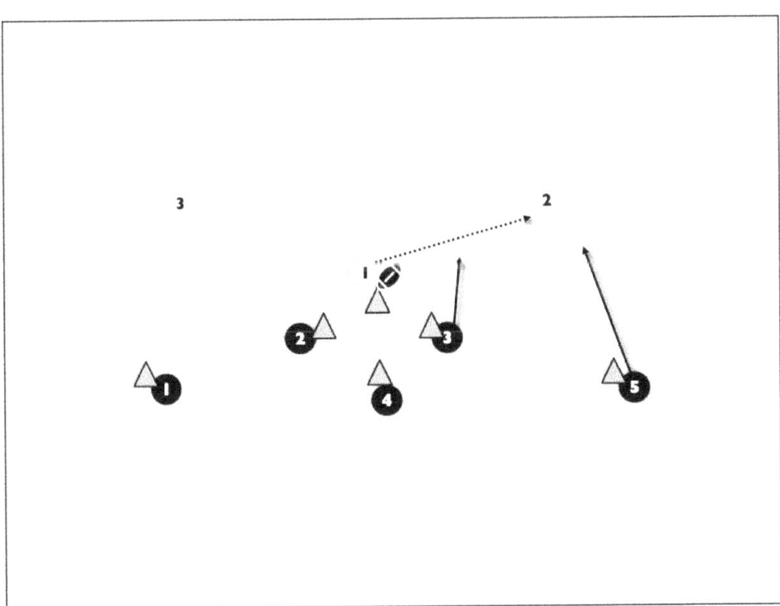

Ejercicio N° 70	Objetivo Principal	Organizar la defensa ante diferentes rucks	
	Objetivos Secundarios	Evadir a los defensores	
Medios Técnico-Tácticos	Posición defensiva, pase, desplazamientos, placaje		
Jugadores	10	Campo	Medio campo
Material	5 conos y 1 balón	Tiempo	15min
Explicación			
Se dividirán en dos equipos, uno de 7(defensores) y uno de 3(atacantes). En medio del campo habrá repartidos diferentes conos que representarán rucks en diferentes lugares. Los defensores se colocarán todos agrupados en un lado del campo y los atacantes escogerán un ruck desde el que salir jugando. A la señal del entrenador, los defensores saldrán a colocarse para detener el ataque, teniendo que ocupar las posiciones del ruck así como repartirse en la línea de defensa.			
Observaciones	Tener en cuenta que el eje y los postes se comunican antes de llegar y se colocan adecuadamente.		

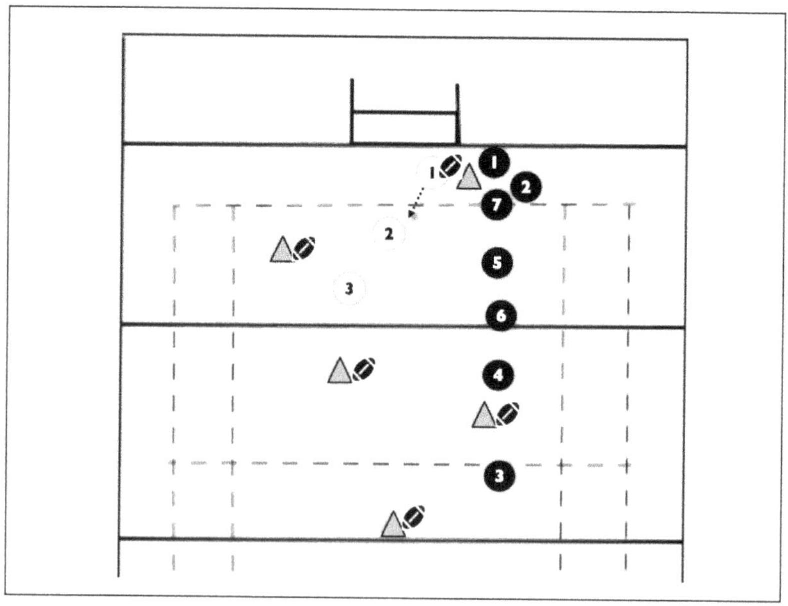

Ejercicio Nº 71	Objetivo Principal	Apoyar al compañero placado	
	Objetivos Secundarios	Avanzar con el balón, limpiar rucks	
Medios Técnico-Tácticos	Pase, carrera, limpieza de ruck		
Jugadores	8 o más	Campo	Medio campo
Material	1 balón y 2 escudos	Tiempo	15min

Explicación

Se colocarán dos filas de paquetes de 3 jugadores, uno frente a cada escudo. El portador de balón percutirá en el escudo, otro limpiará el ruck formado y el último realizará el pase hacia la siguiente agrupación de 3, los cuales realizarán la misma secuencia.

Una vez acabe la secuencia esa agrupación volverá a colocarse par recibir el balón y repetirla pero cambiando los roles.

Observaciones: Percutir con el hombro y colocar el balón en el brazo contrario al hacerlo.

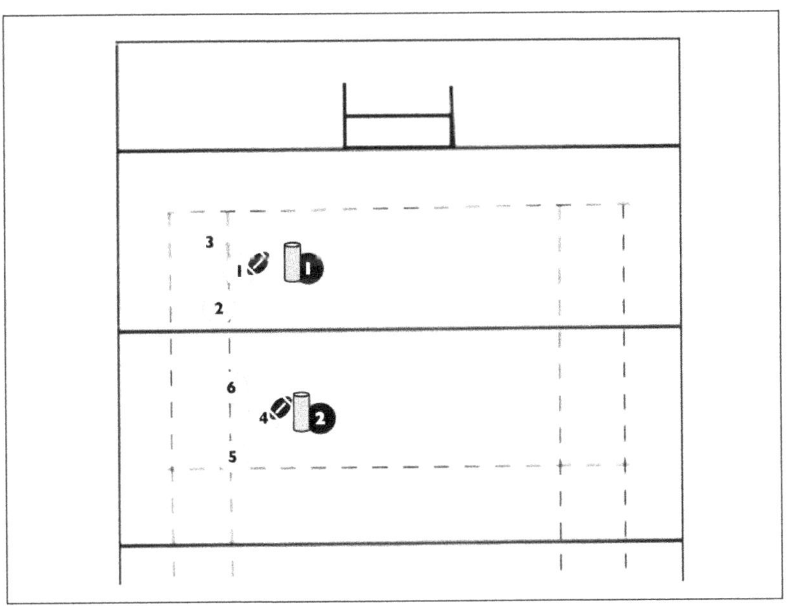

Ejercicio Nº 72	Objetivo Principal	Trabajar postura previa al placaje	
	Objetivos Secundarios	Evadir	
Medios Técnico-Tácticos		Finta	
Jugadores	20 o más	Campo	25x25m
Material	40 pañuelos y 4 conos	Tiempo	12min

Explicación

Para este juego dividiremos a los jugadores en dos equipos. Cada uno de los participantes tendrá en su cintura dos pañuelos y tendrán que robar al equipo rival tantos pañuelos como sea posible durante 3 minutos. El equipo que consiga más pañuelos ganará.

Observaciones	Bajar el centro de gravedad al aproximarnos a un rival para facilitar la tarea de robar el pañuelo.

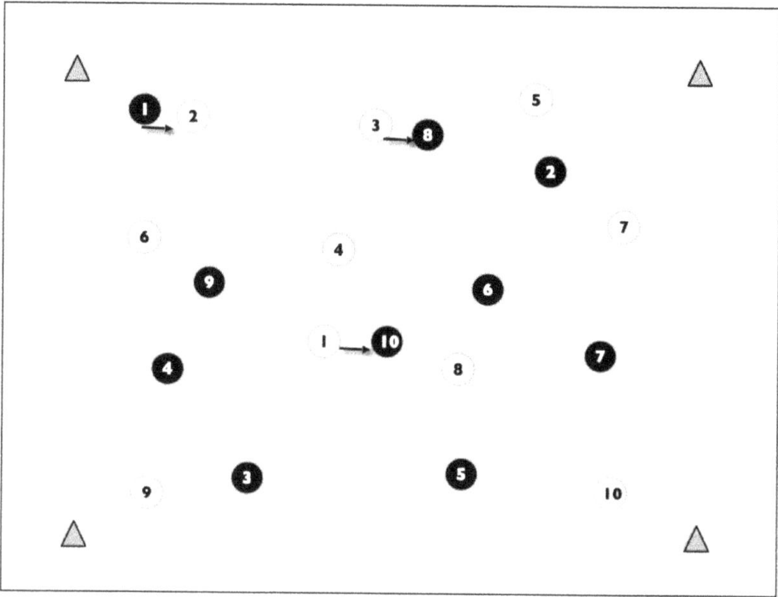

Ejercicio Nº 73	Objetivo Principal	Familiarizar el contacto	
	Objetivos Secundarios	Luchar cuando estas agarrado	
Medios Técnico-Tácticos		Contacto, agarre del balón	
Jugadores	6	Campo	2x2m
Material	1 balón	Tiempo	15min

Explicación

5 jugadores se colocarán en círculo sin agarrarse, sólo con los hombros pegados. El portador de balón se colocará en el centro y tratará del salir de ahí sin perder el balón. Cuando lo consiga o a los 2 minutos cambio de jugador central.

Observaciones: El balón no puede ser arrebatado por los jugadores que conforman el círculo.

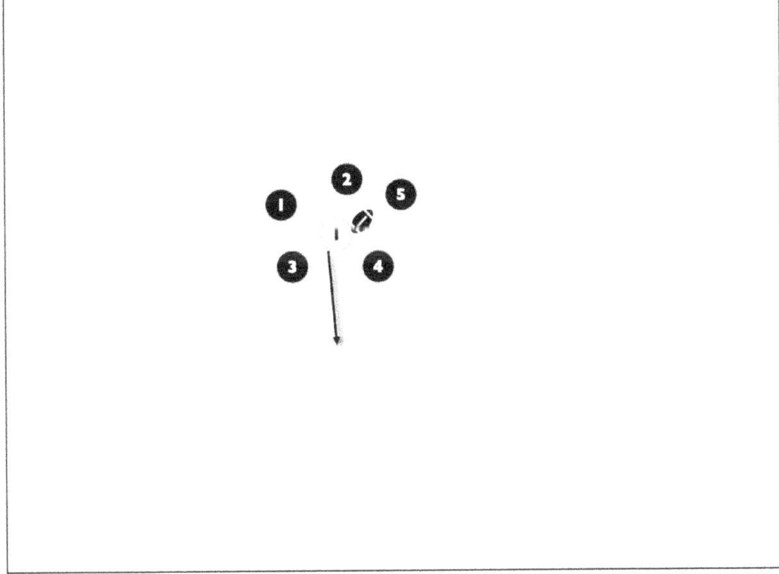

Ejercicio N° 74	Objetivo Principal	Familiarizar el contacto	
	Objetivos Secundarios	Enseñar forma correcta de placar	
Medios Técnico-Tácticos		Placaje	
Jugadores	8 o más	Campo	15x15m
Material	4 conos	Tiempo	10min

Explicación

En un cuadrado dispondremos a todos nuestros jugadores, de manera que tendrán que echarse fuera del cuadrado entre ellos. Como normas, solo valdrá agarrando del cuerpo, siempre que sea por debajo del pecho y nunca de la ropa. A lo largo del ejercicio, explicar cual es la forma correcta de placar, para que sin carrera previa, usen la técnica en las siguientes rondas.

Observaciones Prohibido percutir o empujar.

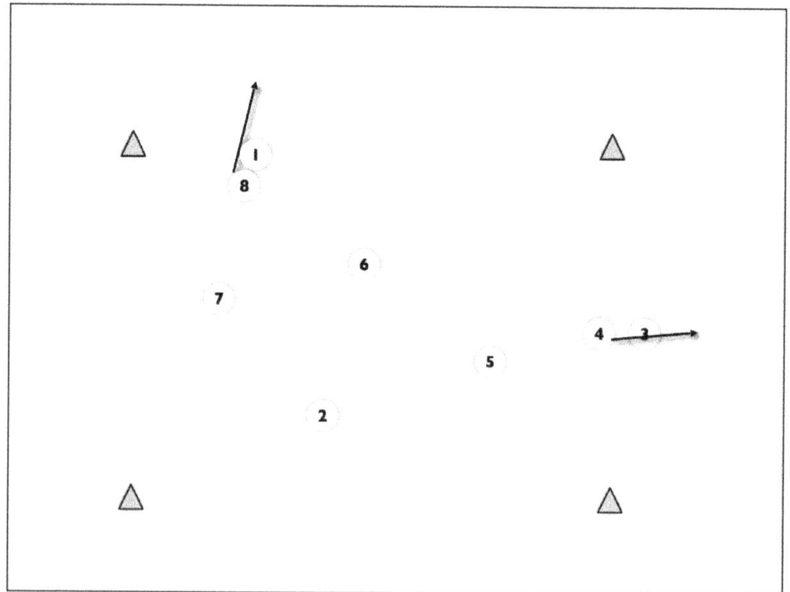

Ejercicio N° 75	Objetivo Principal	Familiarizar el contacto	
	Objetivos Secundarios	Evadir	
Medios Técnico-Tácticos		Placaje, finta	
Jugadores	10 o más	Campo	20x20m
Material	4 conos	Tiempo	10min

Explicación

En un cuadrado dispondremos a todos nuestros jugadores divididos en dos equipos. Cada uno tendrá un máximo de 5 min para placar a todos los jugadores del equipo contrario. Los jugadores placados se colocarán de pie, teniendo sus compañeros que dar una vuelta alrededor suya en posición de ruck para liberarlos.

Observaciones: Prohibido percutir o empujar.

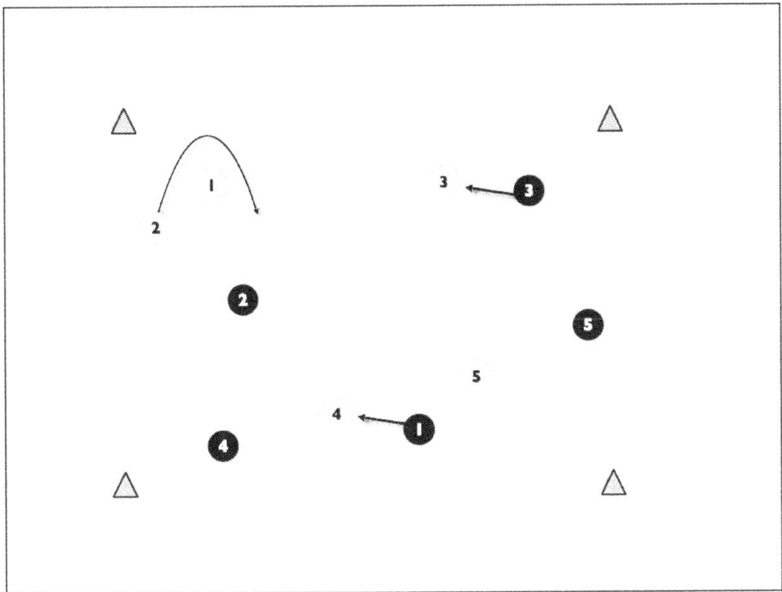

Ejercicio Nº 76	Objetivo Principal	Trabajar la técnica de placaje	
	Objetivos Secundarios	Trabajar velocidad de reacción	
Medios Técnico-Tácticos	Placaje, desplazamientos		
Jugadores	5	Campo	10x10m
Material	4 escudos y 4 conos	Tiempo	15min
Explicación			
Un jugador se colocará en el centro de un cuadrado, en el que en cada esquina se colocará un escudo con un cono de un color diferente. El entrenador dirá un color y será al escudo que tendrá que placar y volver rápidamente al centro para repetir la secuencia. Realizar varias repeticiones y cambio en le jugador central.			
Observaciones	Importante la posición de la cabeza al placar, altura del placaje, el contacto con el hombro, la presa de los brazos y orientarse correctamente en la carrera de aproximación al placaje.		

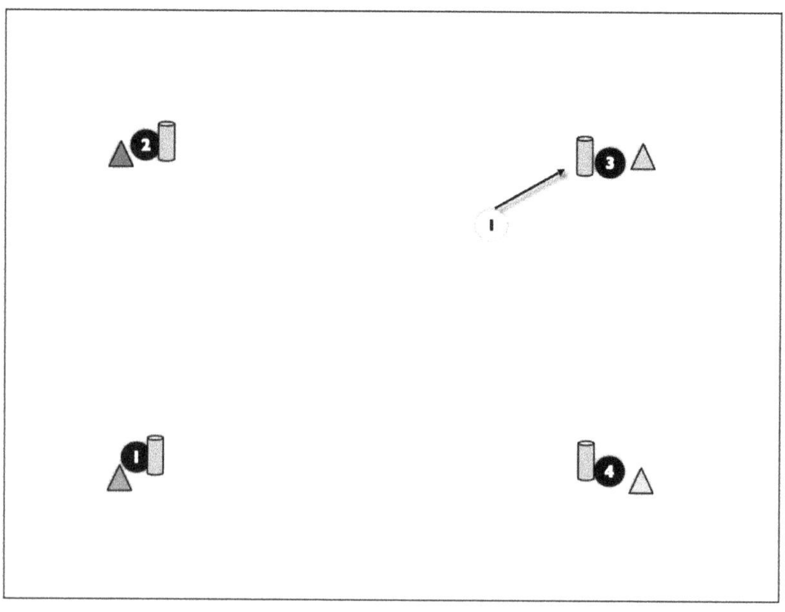

Ejercicio Nº 77	Objetivo Principal	Mejorar técnica de placaje	
	Objetivos Secundarios	Trabajar velocidad de reacción	
Medios Técnico-Tácticos		Placaje, carrera	
Jugadores	3 o más	Campo	15x20m
Material	3 sacos, 6 conos y 3 balones	Tiempo	10min

Explicación

Los jugadores se repartirán en 3 filas enfrentadas a un saco y un balón por detrás cada una. A la señal del entrenador, los jugadores saldrán corriendo a placar al saco y rápidamente coger el balón del suelo e ir hacia la zona de ensayo. Se puede realizar a modo de competición de manera que el primero en ensayar obtendrá 3 puntos, el segundo 2 y el tercero 1. Contabilizar puntos y el primero en llegar a 15 ganará.

Observaciones	Los jugadores levantarán el saco y dejarán el balón en su sitio antes de volver a sus correspondientes filas. Importante la posición de la cabeza al placar, altura del placaje, el contacto con el hombro y la presa de los brazos.

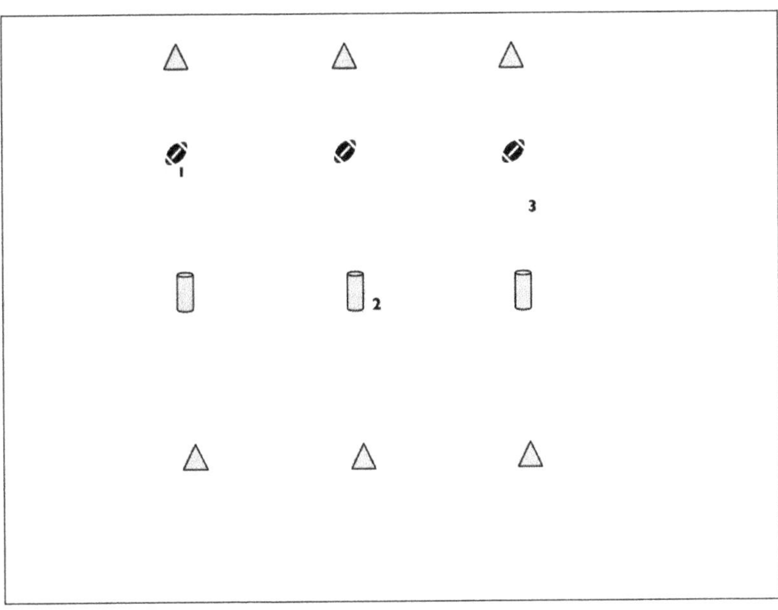

Ejercicio Nº 78	Objetivo Principal	Mejorar técnica de placaje	
	Objetivos Secundarios	Trabajar velocidad de reacción y pase	
Medios Técnico-Tácticos		Placaje, pase, carrera	
Jugadores	6 o más	Campo	30x20m
Material	9 sacos o escudos, 3 balones y 3 conos	Tiempo	15min
		Explicación	
Parejas de jugadores repartidas en 3 filas en frente de 3 sacos o escudos separados a 10m entre ellos. Cada saco tendrá encima un balón. A la señal del entrenador saldrán las parejas de manera que el primero tendrá que placar al saco y el siguiente recoger el balón del suelo. El placador tendrá que levantarse rápidamente para recibir el pase de su compañero antes de llegar al siguiente saco, para que el pasador pueda realizar el placaje.			
Observaciones	Las parejas levantarán los sacos y devolverán los balones antes de regresar a sus filas. Importante altura del placaje, contacto del hombro, posición de la cabeza al placar y presa de los brazos.		

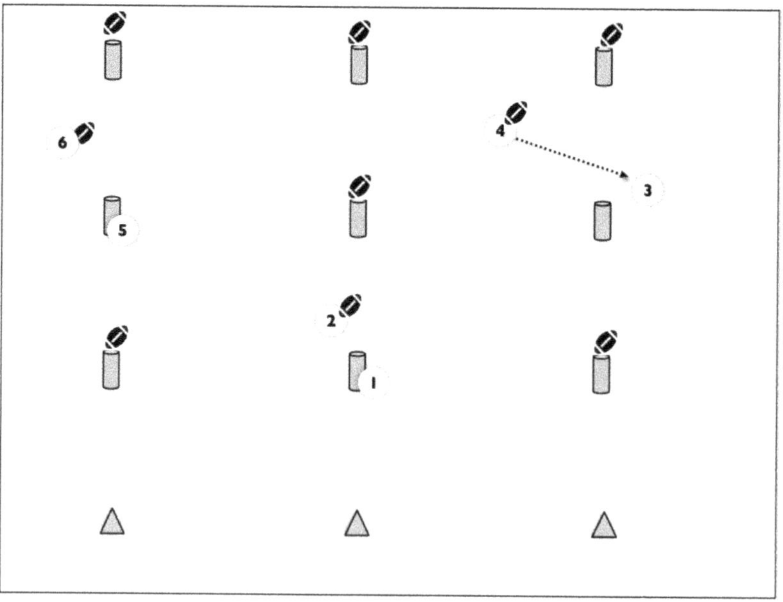

Ejercicio N° 79	Objetivo Principal	Trabajar el placaje	
	Objetivos Secundarios	Mejorar carrera previa al placaje	
Medios Técnico-Tácticos		Placaje	
Jugadores	12 o más	Campo	Medio campo
Material	4 sacos	Tiempo	15min

Explicación

Cuatro filas de jugadores separadas entre sí y con un saco justo enfrente. Al señalar la salida, los jugadores comenzarán la carrera de relevos. Estos tendrán que placar al saco y a continuación ponerlo de pie y volver a su fila para que el siguiente compañero lleve a cabo la misma secuencia. Ganará el primer equipo que consiga que su saco pase la línea del centro del campo.

Observaciones	Importante altura del placaje, contacto del hombro, posición de la cabeza al placar, presa de los brazos y llegar al placaje con un pie de apoyo delante del otro.

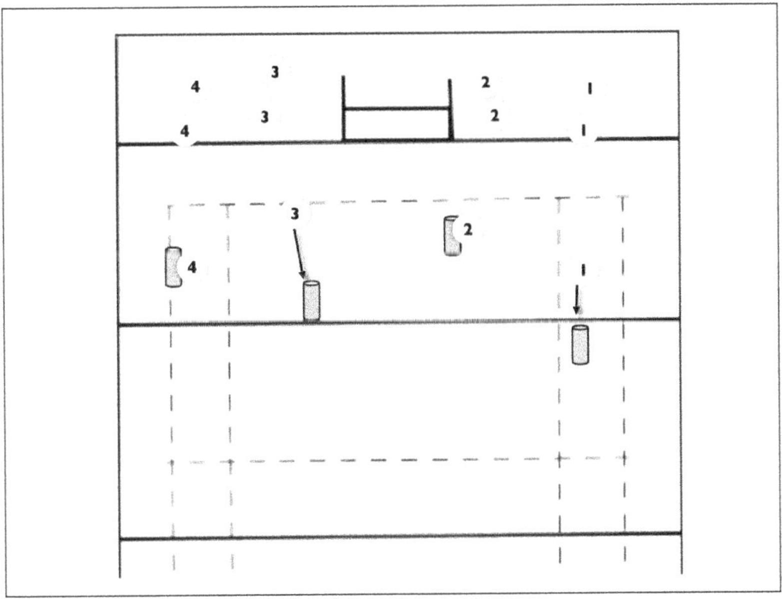

Ejercicio N° 80	Objetivo Principal	Corregir carrera hacia el placaje	
	Objetivos Secundarios	Trabajar la técnica del placaje	
Medios Técnico-Tácticos		Placaje, carrera	
Jugadores	8 o más	Campo	30x10m
Material	4 sacos o escudos y 5 conos	Tiempo	15min
Explicación			
Los jugadores placadores saldrán de uno en uno, placando cada saco bordeando los conos, de manera que después de cada placaje deben volver a orientarse para el siguiente placaje. Cada saco estará sujeto por un jugador, para hacer de este un ejercicio más dinámico. A lo largo del ejercicio habrá un cambio de roles.			
Observaciones	Importante altura del placaje, contacto del hombro, posición de la cabeza al placar, presa de los brazos y llegar al placaje con un pie de apoyo delante del otro.		

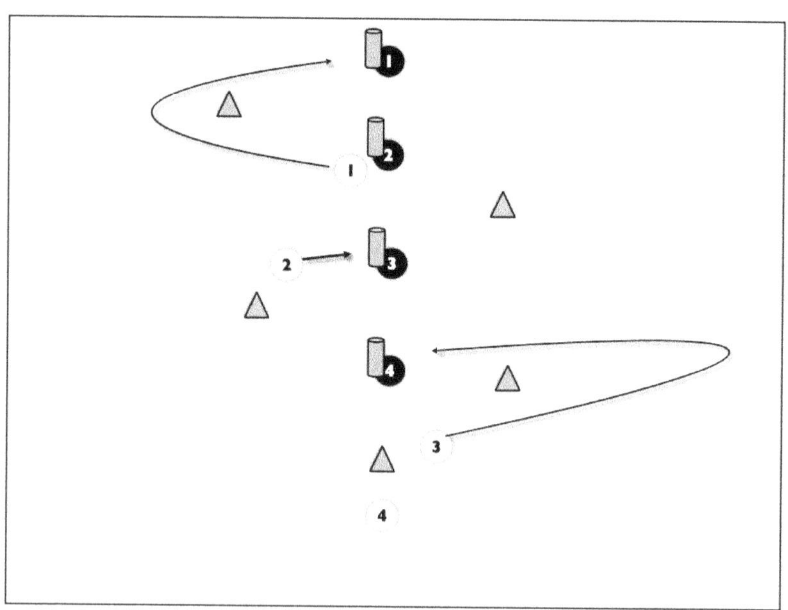

Ejercicio N° 81	**Objetivo Principal**	Trabajar placaje lateral	
	Objetivos Secundarios	Evadir al placador	
Medios Técnico-Tácticos	Carrera con balón, finta, placaje		
Jugadores	4 o más	Campo	15x15m
Material	17 conos y 2 balones	Tiempo	12min

Explicación

Se colocará un placador dentro del semicírculo y una fila enfrente con el resto de jugadores poseedores de balón como podemos ver en la representación gráfica. Saldrá el primer jugador con balón y tratará de posar el balón en la línea de ensayo, de cualquiera de los dos lados, sin ser alcanzado por el placador, el cual sólo podrá salir de su semicírculo cuando vaya a realizar el placaje. Sea placado o no, el jugador que ha atacado pasa a ser placador y el defensor a la fila para atacar.

Observaciones	Importante altura del placaje, contacto del hombro, posición de la cabeza al placar, presa de los brazos y llegar al placaje con un pie de apoyo delante del otro. El placador no debe lanzarse hacia delante ya que así se vence fácilmente hacia los lados.

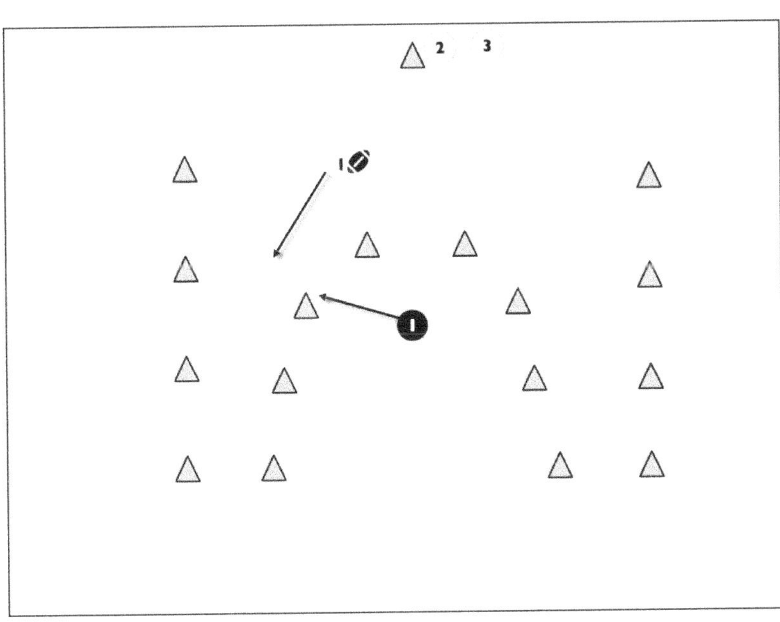

Ejercicio Nº 82	Objetivo Principal	Trabajar el placaje	
	Objetivos Secundarios	Evadir al defensor	
Medios Técnico-Tácticos	Finta, placaje, carrera con balón		
Jugadores	5	Campo	15x15m
Material	4 conos y 2 balones	Tiempo	15min
Explicación			

Este ejercicio se llevará a cabo en un cuadrado, en el cual se colocarán en dos esquinas los jugadores con balón y en el centro un placador. Saldrán alternativamente con el objetivo de ensayar en las esquinas opuestas a la suya y el jugador central impedirlo. El placador cambiará cada 4 placajes realizados.

Observaciones	Importante altura del placaje, contacto del hombro, posición de la cabeza al placar, presa de los brazos y corregir la carrera del placaje en cuanto se levante del suelo.

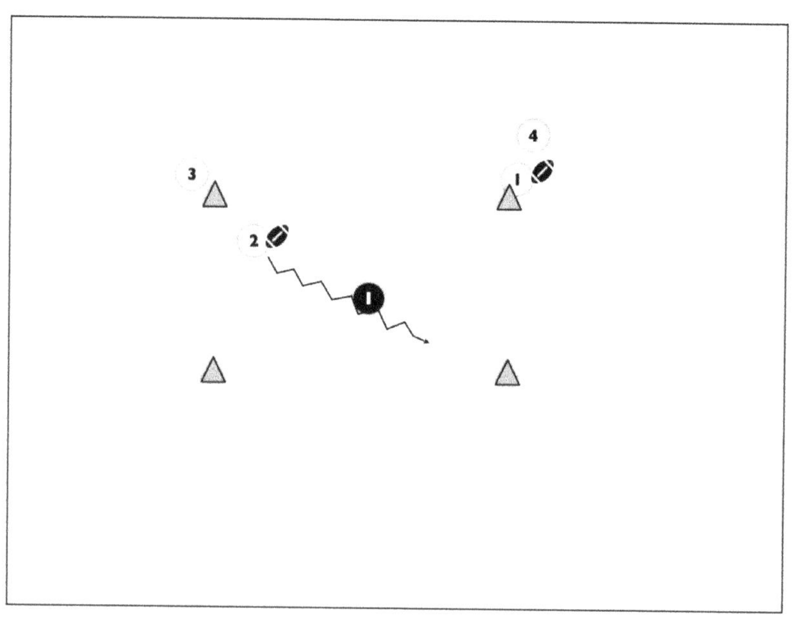

Ejercicio N° 83	Objetivo Principal	Trabajar velocidad de reacción	
	Objetivos Secundarios	Placar	
Medios Técnico-Tácticos	Placaje, finta, avance con balón		
Jugadores	8 o más	Campo	3x3m cada uno
Material	16 conos y 4 balones	Tiempo	15min
Explicación			
Los jugadores se colocarán enfrentados por parejas en campos muy pequeños. Estos se pasarán el balón rápidamente casi sin tocarla, en cuanto el entrenador da la señal, el poseedor del balón tratará de posar por detrás del defensor. Mientras tanto el defensor tratará de realizar un placaje ganador y evitar el ensayo.			
Observaciones	Importante altura del placaje, contacto del hombro, posición de la cabeza al placar, presa de los brazos.		

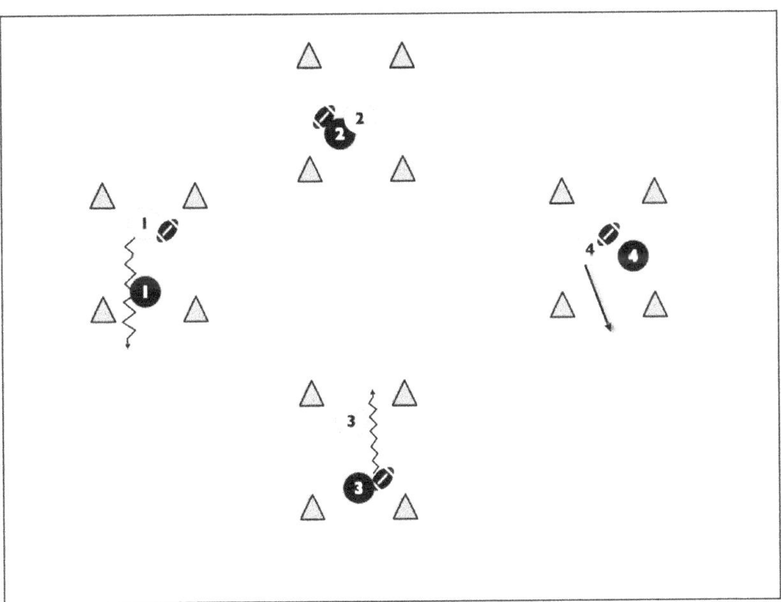

Ejercicio N° 84	Objetivo Principal	Trabajar la comunicación defensiva	
	Objetivos Secundarios	Coordinar la línea de defensa	
Medios Técnico-Tácticos		Desplazamientos	
Jugadores	8 o más	Campo	Medio campo
Material	1 balón	Tiempo	15min

Explicación

Se encontrarán enfrentados y muy separadas dos líneas, una formada por dos jugadores y una formada por seis jugadores. Los atacantes y poseedores del balón (2 jugadores) se moverán por el espacio hacia cualquier dirección y realizarán entre ellos varios pases. Mientras tanto y a modo de espejo los defensores tendrán que cubrir los máximos espacios posibles y manteniendo la línea de defensa. A la señal del entrenador los atacantes intentarán rebasar la línea defensiva.

Observaciones	Debe haber mucha comunicación para evitar desajustes en la línea de defensa.

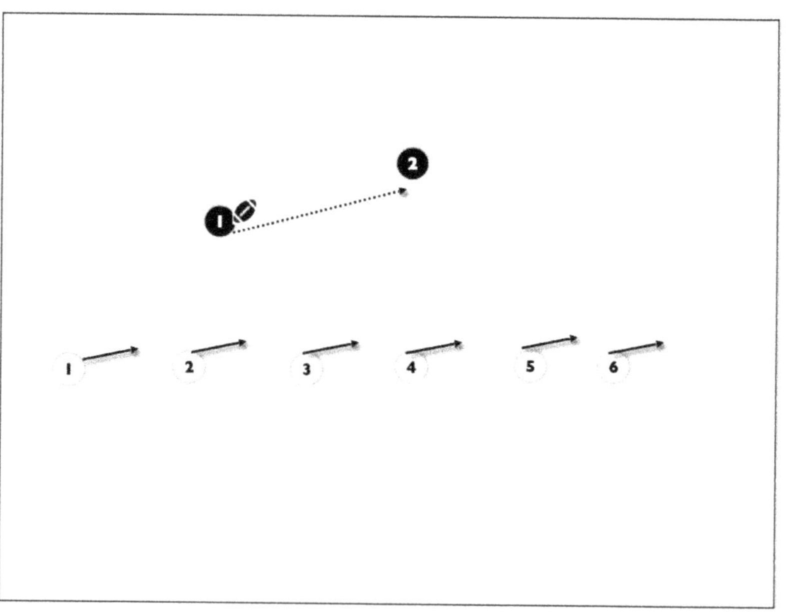

Ejercicio Nº 85	Objetivo Principal	Trabajar la línea de defensa	
	Objetivos Secundarios	Evadir a defensores	
Medios Técnico-Tácticos	Finta, desplazamientos, blocajes		
Jugadores	12 o más	Campo	15x15m
Material	4 conos	Tiempo	12min

Explicación

Los jugadores se repartirán por el espacio y dos de ellos designados por el entrenador comenzarán quedándola. Estos tendrán que ir agarrados de la mano e intentarán alcanzar a sus compañeros. Los pillados se irán uniendo a la línea, hasta que nos quede ninguno fuera de ella.

Observaciones: Importante la comunicación para poder coger a todos los compañeros más fácilmente.

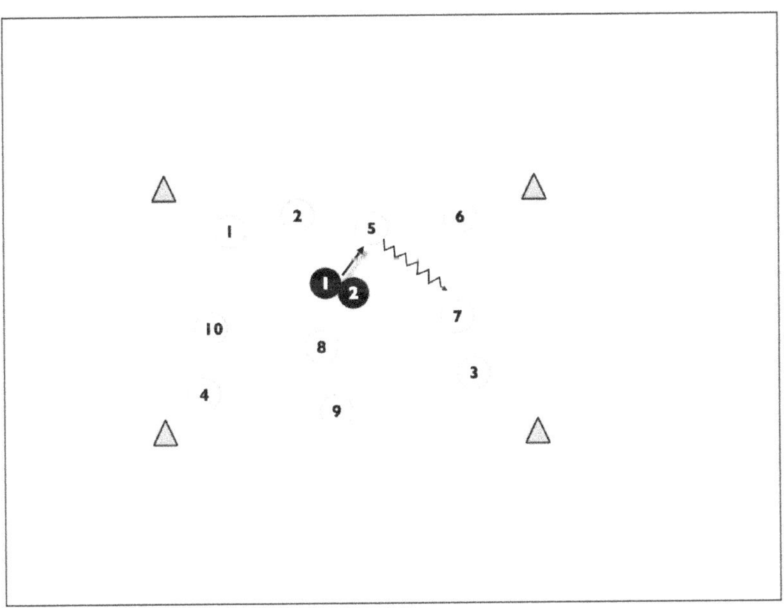

Ejercicio Nº 86	Objetivo Principal	Coordinar la línea defensiva	
	Objetivos Secundarios	Trabajar la velocidad de reacción	
Medios Técnico-Tácticos		Desplazamientos	
Jugadores	6 o más	Campo	Medio campo
Material	1 balón	Tiempo	10min

Explicación

Los jugadores se colocarán en la línea defensiva, pero a su vez se dividirán en dos grupos. El entrenador se colocará en frente con un balón en el suelo. Cada vez que toque el balón con una mano tendrá que subir uno de los grupos hasta la línea de 5m y volver, y cuando toque con las dos subirá el otro. Si el balón es pateado tendrán que subir todos a la vez. Con este ejercicio trabajaremos la coordinación defensiva.

Observaciones: Importante ir al ritmo del más lento para no dejar huecos en la defensa.

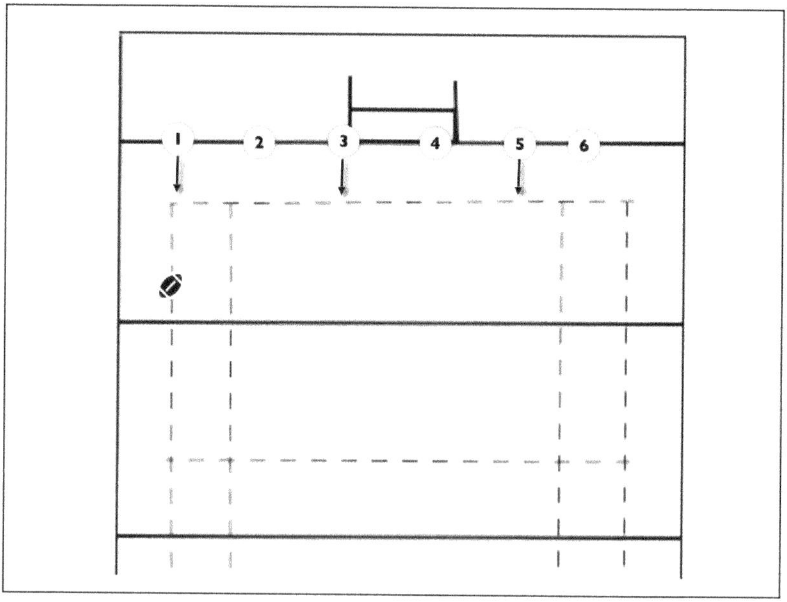

1 2 3 4 5 6

Ejercicio N° 87	Objetivo Principal	Coordinar la línea de defensa	
	Objetivos Secundarios	Trabajar el placaje	
Medios Técnico-Tácticos	Desplazamientos, placaje		
Jugadores	8 o más	Campo	20x20m
Material	4 escudos y 4 conos	Tiempo	15min

Explicación

Los jugadores estarán divididos en dos, donde uno de los grupos tendrá escudo y el resto se colocarán tumbados en el suelo. El entrenador dará órdenes a los jugadores tumbados (flexión, salto con pies juntos, tumbarse...) y a la señal de 'YA', todos tendrán que salir a placar al jugador que tengan delante con escudo.

Observaciones: Importante que todos plaquen a la vez, si alguien es muy rápido debe esperar a sus compañeros para avanzar.

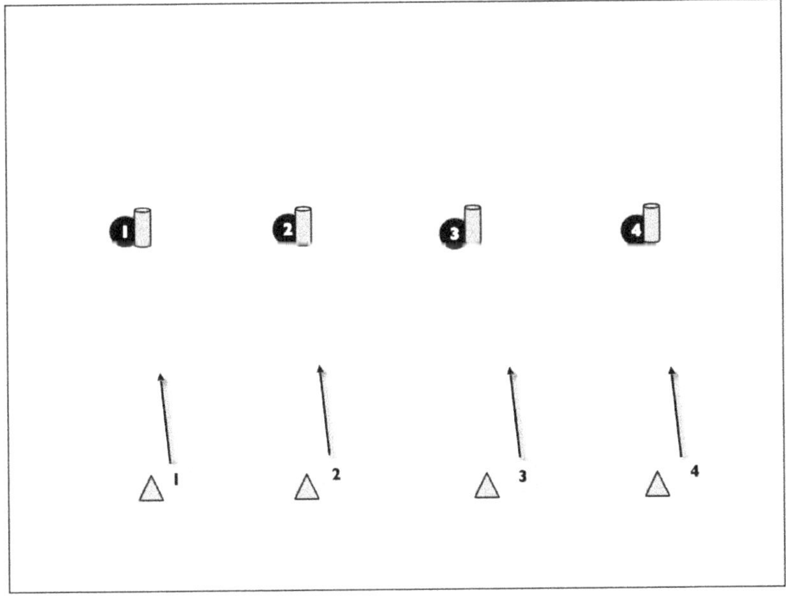

Ejercicio Nº 88	Objetivo Principal	Trabajar comunicación en la defensa	
	Objetivos Secundarios	Trabajar el placaje	
Medios Técnico-Tácticos		Desplazamientos, placaje	
Jugadores	6	Campo	20x20m
Material	4 sacos, 2 conos y 1 balón	Tiempo	12min

Explicación

5 jugadores se colocarán desordenados detrás de 2 conos, teniendo que salir todos por esa puerta. En frente tendrán colocados 4 sacos y un jugador con balón por detrás, el cual tendrá que decidir por qué hueco avanzar. Los defensores tendrán que placar a todos los sacos y al jugador, de manera que tendrán que avisar quién es el que lo placará.

Observaciones: Importante que suban todos a la vez para evitar dejar huecos y mucha comunicación para no ir dos al mismo objetivo.

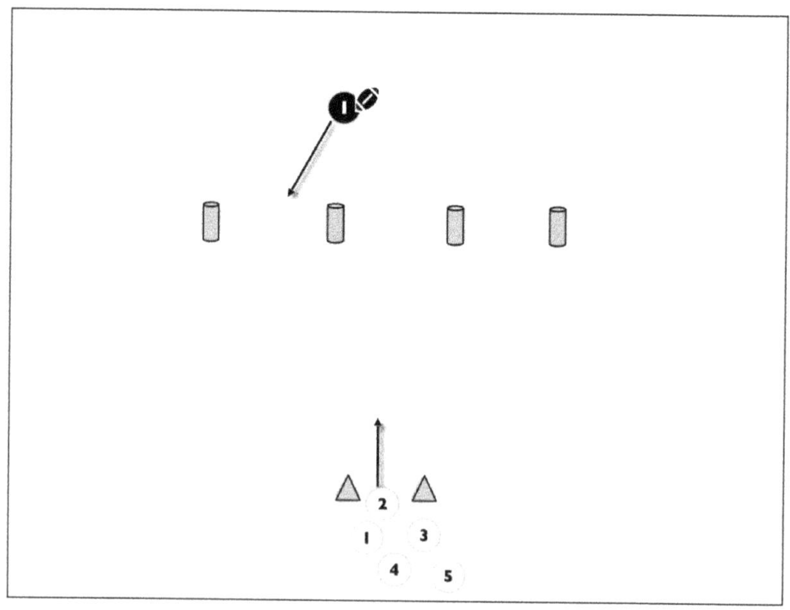

Ejercicio Nº 89	Objetivo Principal	Recolocar rápidamente la defensa	
	Objetivos Secundarios	Trabajar el placaje	
Medios Técnico-Tácticos	Finta, carrera con balón, desplazamiento, placaje, pase		
Jugadores	8	Campo	20x20m
Material	3 sacos, 4 conos y 1 balón	Tiempo	15min
Explicación			
Este ejercicio consistirá en un 4vs4 en el cual los defensores en primer lugar tendrán que placar 3 sacos y un jugador´. En segundo lugar el jugador placado tendrá que jugar hacia sus compañeros que intentarán ensayar ante una línea defensiva que ha de recolocarse tras los placajes.			
Observaciones	Importante que una vez hayamos placado recuperar la posición lo más rápido posible.		

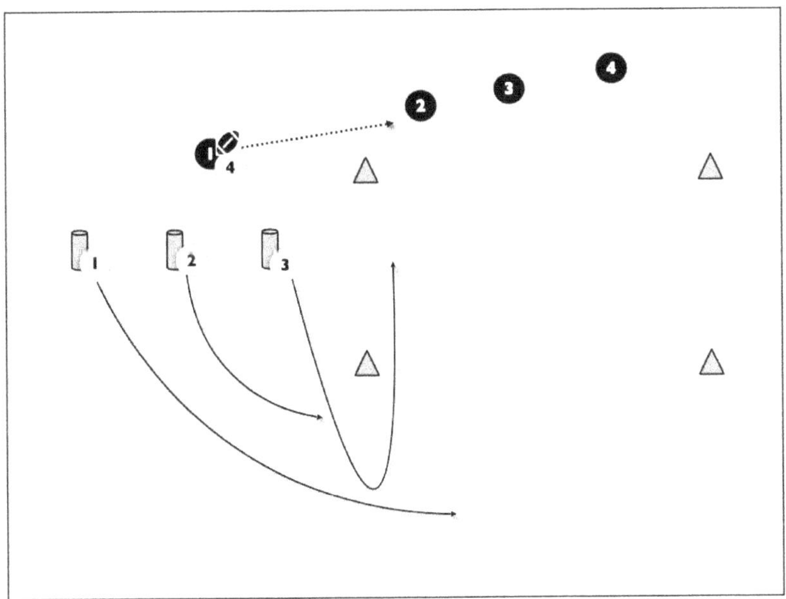

<table>
<tr><td rowspan="2">Ejercicio Nº 90</td><td colspan="2">Objetivo Principal</td><td colspan="2">Trabajar el juego en situaciones reales</td></tr>
<tr><td colspan="2">Objetivos Secundarios</td><td colspan="2">Placar y evadir</td></tr>
<tr><td>Medios Técnico-Tácticos</td><td colspan="4">Placaje, desplazamiento, carrera con balón, finta, pase</td></tr>
<tr><td>Jugadores</td><td>10 o más</td><td>Campo</td><td colspan="2">Medio campo</td></tr>
<tr><td>Material</td><td>1 balón</td><td>Tiempo</td><td colspan="2">20min</td></tr>
<tr><td colspan="5">Explicación

El ejercicio propuesto trata de una situación real reducida en la que tras cada fallo que cometa un equipo según lo entrenado, el entrenador detendrá el juego y cambiará de posesión el balón. De esta forma la defensa y el ataque tendrán que recolocarse rápidamente.</td></tr>
<tr><td>Observaciones</td><td colspan="4">Importante incidir en una defensa coordinada y un ataque bien organizado, así como mucha comunicación dentro del equipo.</td></tr>
</table>

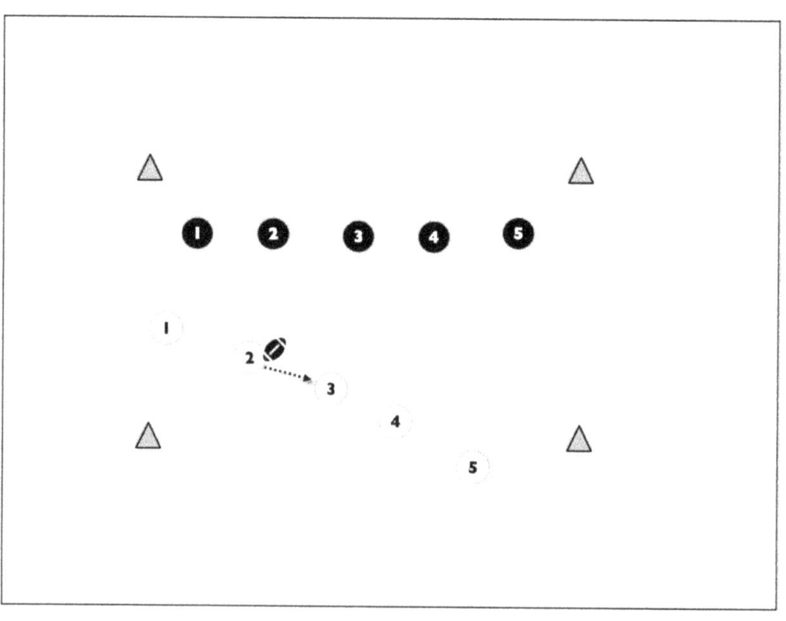

Ejercicio N° 91	Objetivo Principal	Trabajar situaciones reales en inferioridad numérica	
	Objetivos Secundarios	Evadir y placar	
Medios Técnico-Tácticos	Placaje, desplazamiento, carrera con balón, finta, pase		
Jugadores	30	Campo	Todo el campo
Material	1 balón	Tiempo	30min

Explicación

Este juego comenzará como un partido normal, pero con la variante que cada vez que un equipo ensayo, de este mismo tendrá que salir un jugador del campo. Sacará siempre el equipo que anote. Así hasta que un equipo se quede sin jugadores y será el ganador.

Observaciones: Buscar situaciones de superioridad numérica.

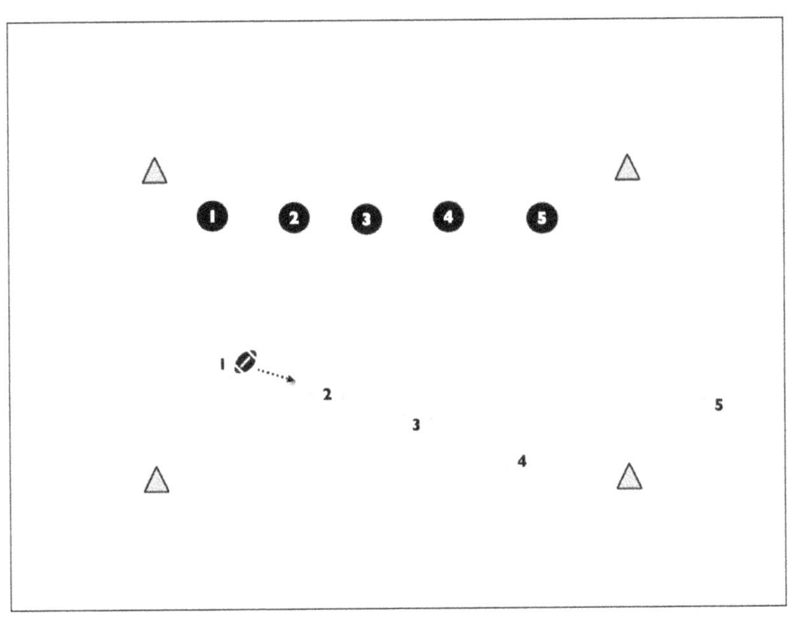

<table>
<tr><td rowspan="2">Ejercicio Nº 92</td><td>Objetivo Principal</td><td colspan="2">Trabajar recolocación ofensiva y defensiva</td></tr>
<tr><td>Objetivos Secundarios</td><td colspan="2">Mejorar técnica de placaje</td></tr>
<tr><td>Medios Técnico-Tácticos</td><td colspan="3">Pase, placaje, carrera con balón, desplazamientos, finta</td></tr>
<tr><td>Jugadores</td><td>12</td><td>Campo</td><td>Medio campo</td></tr>
<tr><td>Material</td><td>1 balón</td><td>Tiempo</td><td>20min</td></tr>
<tr><td colspan="4">Explicación</td></tr>
<tr><td colspan="4">Los jugadores se dividirán en dos equipos de 6. Cada vez que un equipo realice un placaje ganador (el portador de balón caerá hacia su campo), el balón cambiará de posesión.</td></tr>
<tr><td>Observaciones</td><td colspan="3">Importante altura del placaje, contacto del hombro, posición de la cabeza al placar y presa de los brazos. Debe haber mucha comunicación para una rápida reorganización del sistema.</td></tr>
</table>

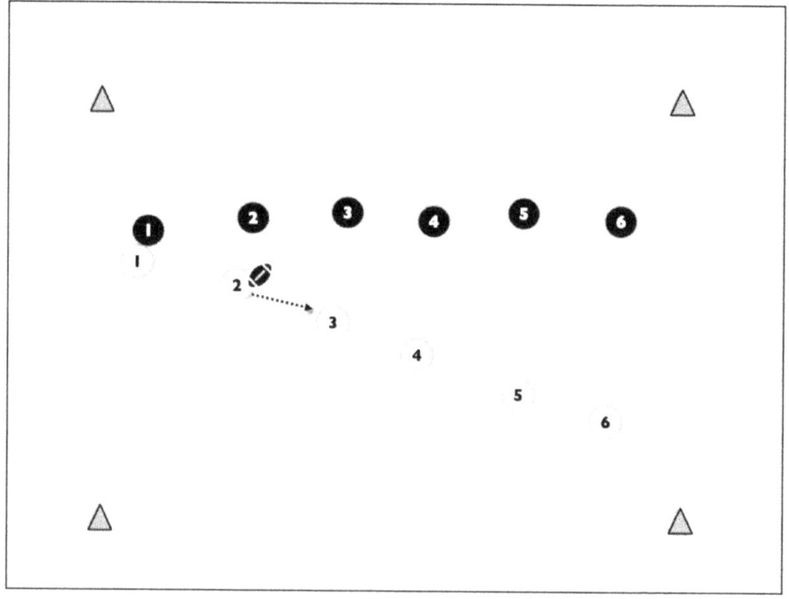

Ejercicio Nº 93	Objetivo Principal	Recolocar las líneas defensiva y ofensiva	
	Objetivos Secundarios	Placar y evadir	
Medios Técnico-Tácticos	Finta, pase, placaje, desplazamientos, carrera con balón		
Jugadores	10 o más	Campo	Medio campo
Material	2 balones	Tiempo	20min

Explicación

Este ejercicio consistirá en un 5vs5 en el que habrá que conseguir el máximo de ensayos posibles. Se disputará el mini partido de manera normal hasta que el entrenador introduzca un segundo balón en el campo, el cual pasará a ser el principal, obligando a la recolocación de todos los jugadores.

Observaciones	Debe existir una buena comunicación entre los miembros del equipo para una rápida organización.

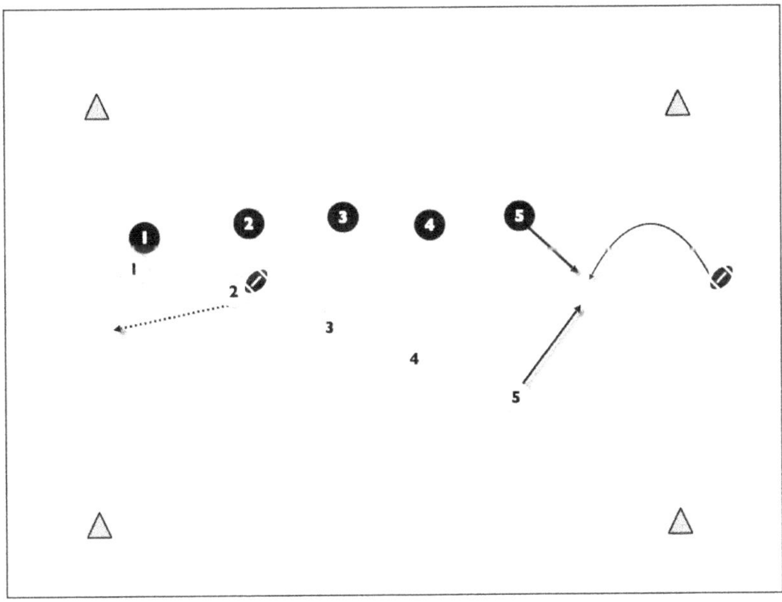

Ejercicio Nº 94	Objetivo Principal	Recolocar la línea de defensa	
	Objetivos Secundarios	Evadir	
Medios Técnico-Tácticos	Finta, desplazamientos, pase, placaje		
Jugadores	14	Campo	25x25m
Material	4 conos y 1 balón	Tiempo	15min
Explicación			
Este ejercicio consistirá en un 5vs3. Se colocarán 3 grupos de 3 defensores, dos en los laterales y uno al final. El entrenador elegirá que grupo sale a defender después de haber hecho el primer pase los atacantes. Su objetivo será evitar que ensayen.			
Observaciones	Los defensores tendrán que colocarse rápidamente en línea y abarcar el máximo espacio posible.		

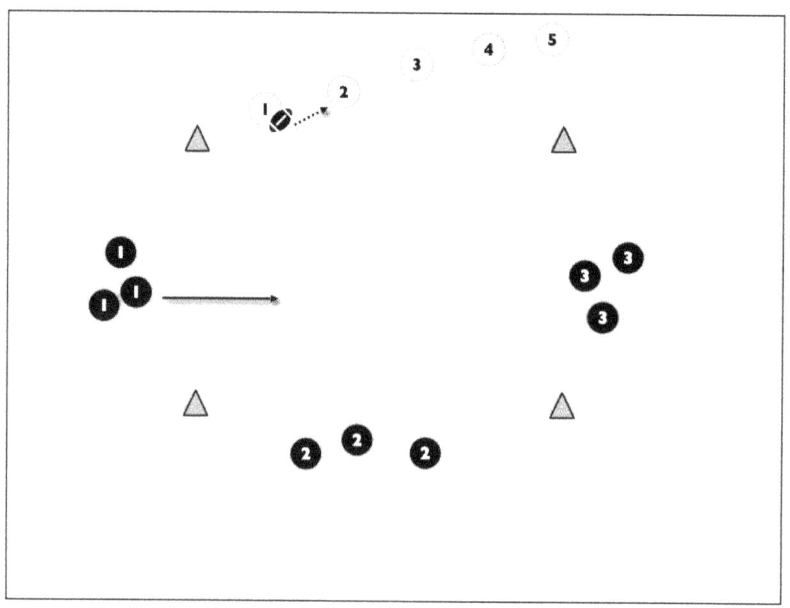

Ejercicio Nº 95	Objetivo Principal	Evadir	
	Objetivos Secundarios	Placar	
Medios Técnico-Tácticos	Placaje, pase, carrera con balón, desplazamientos, finta		
Jugadores	6 o más	Campo	20x30m
Material	8 conos y 1 balón	Tiempo	20min
Explicación			
Para este ejercicio colocaremos los conos formando un campo en forma de embudo el cual estará dividido en 3 partes. En cada una de ellas se colocará 1 defensor. La línea de ataque estará formada por 2 jugadores, los cuales tendrán como objetivo llegar a la zona estrecha del embudo sin perder el balón o ser placados.			
Observaciones	Importante fijar al defensor para que nuestro compañero pueda avanzar sin oposición hacia la siguiente zona. Comunicación por parte del jugador sin balón para indicar por qué lado está apoyando.		

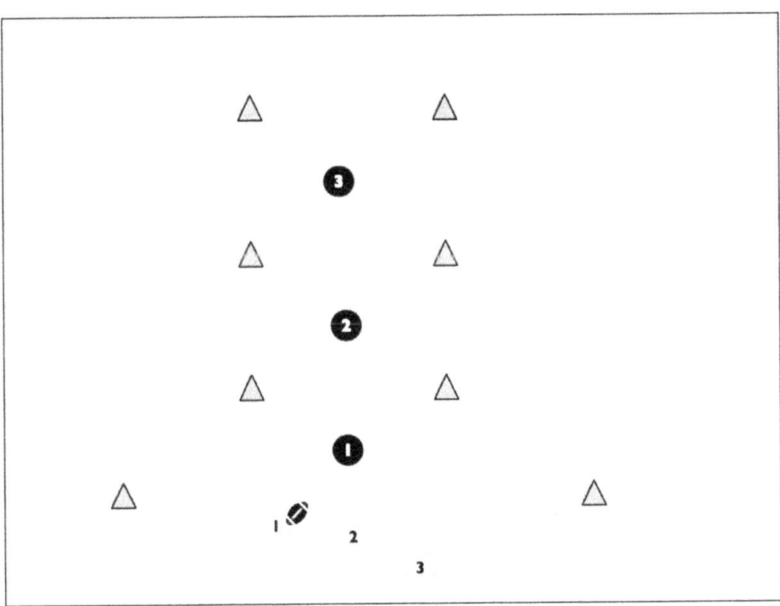

<table>
<tr><td rowspan="2">Ejercicio Nº 96</td><td>Objetivo Principal</td><td colspan="2">Evadir</td></tr>
<tr><td>Objetivos Secundarios</td><td colspan="2">Placar</td></tr>
<tr><td>Medios Técnico-Tácticos</td><td colspan="3">Placaje, pase, carrera con balón, desplazamientos, finta</td></tr>
<tr><td>Jugadores</td><td>10 o más</td><td>Campo</td><td>20x30m</td></tr>
<tr><td>Material</td><td>8 conos y 1 balón</td><td>Tiempo</td><td>20min</td></tr>
<tr><td colspan="4">Explicación

Para este ejercicio colocaremos los conos formando un campo en forma de embudo el cual estará dividido en 3 partes. En cada una de ellas se colocarán 2 defensores. La línea de ataque estará formada por 4 jugadores, los cuales tendrán como objetivo llegar a la zona ancha del embudo sin perder el balón o ser placados.</td></tr>
<tr><td>Observaciones</td><td colspan="3">Importante fijar a uno de los defensores para estar siempre en superioridad numérica así como abrirse hacia los lados lo máximo para dejar espacio a los compañeros que vienen de apoyo.</td></tr>
</table>

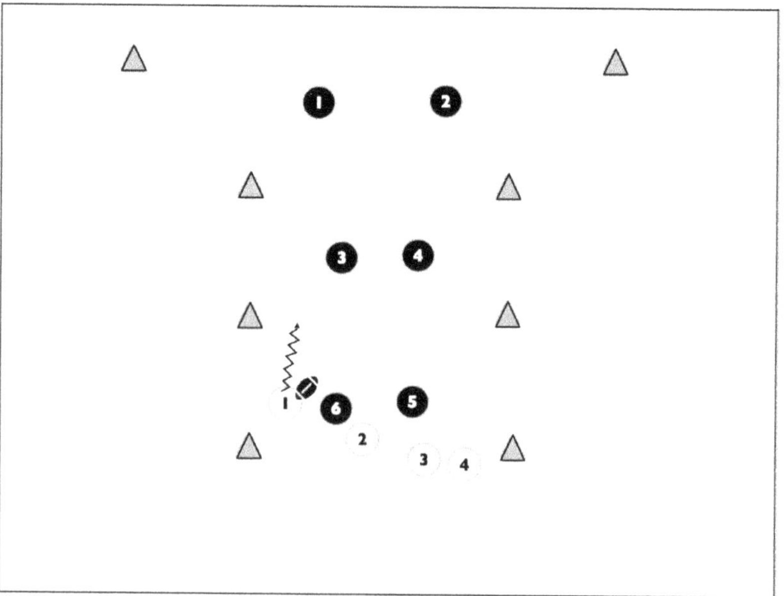

Ejercicio Nº 97	**Objetivo Principal**	Progresar en campo contrario	
	Objetivos Secundarios	Evitar la progresión de los atacantes	
Medios Técnico-Tácticos	Placaje, pase, desplazamientos, finta, carrera con balón		
Jugadores	10	Campo	25x25m
Material	14 conos y 1 balón	Tiempo	20min
Explicación			
Este juego consistirá en un 5vs5, en el cual el campo estará dividido en 4 zonas. El juego partirá del centro, a partir de ahí el equipo portador de balón perderá posesión cuando sean tocados 5 veces con las dos manos o cuando cometan una falta. En el momento que se pierde la posesión anotamos en qué zona se encuentra, si es hacia el campo rival puede ser +1, +2 o +5 ensayo y hacia el propio campo -1, y -2. Tras varias rondas, el equipo con mayor puntuación ganará.			
Observaciones	En cuanto a la defensa subir rápidamente para provocar fallos en el rival y en cuanto al ataque llevar el balón a los extremos para dar amplitud al juego.		

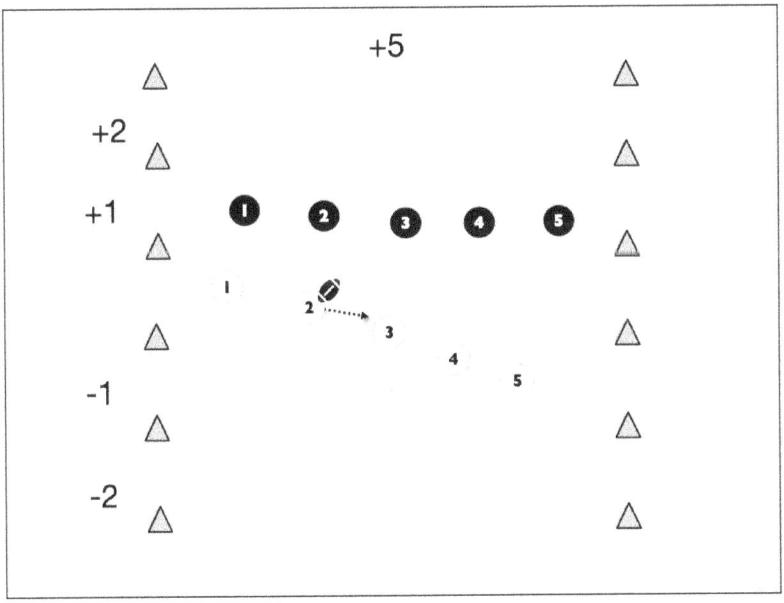

Ejercicio Nº 98	**Objetivo Principal**	Trabajar el lanzamiento de touch	
	Objetivos Secundarios		
Medios Técnico-Tácticos		Pase	
Jugadores	4 o más	Campo	Cerca de la H
Material	4 o más balones	Tiempo	10min

Explicación

Los jugadores se colocarán en fila en frente de un palo de la H. Su objetivo será que realizando un lanzamiento de touch el balón toque en el poste a una altura más alta que nuestra cabeza. Cada vez que un jugador lo consiga el resto realizarán un castigo (2 flexiones, 2 sentadillas, 2 abdominales...).

Observaciones — Adelantar un pie para dar mayor estabilidad en el pase.

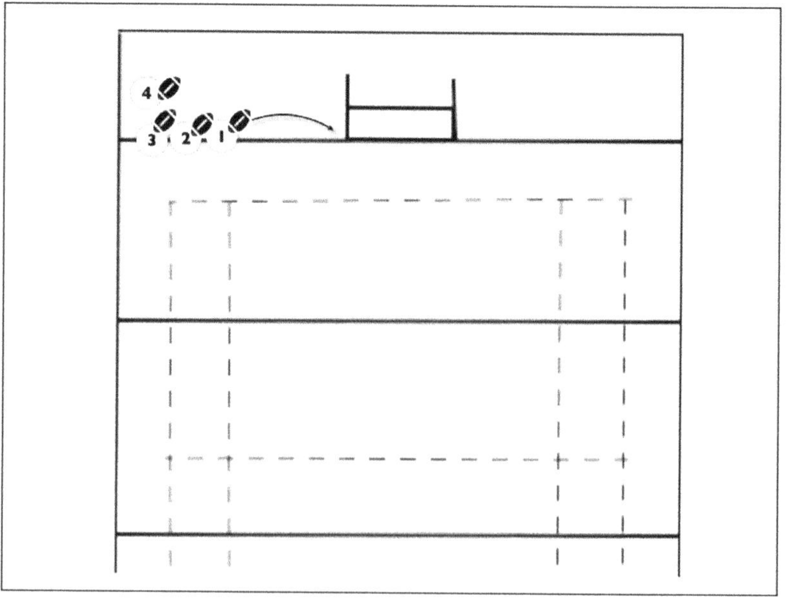

Ejercicio Nº 99	Objetivo Principal	Trabajar la touch	
	Objetivos Secundarios	Pasar	
Medios Técnico-Tácticos		Pase, recepción	
Jugadores	8	Campo	Lateral del campo
Material	2 balones y 6 conos	Tiempo	10min
		Explicación	

Se formarán dos agrupaciones de touch. Colocaremos 3 conos de colores donde tendría que recepcionar el medio melé, el entrenador aprovechará cuando los saltadores estén recibiendo el balón para decir un color y estos tendrán que lanzar el balón a dicho cono.

Observaciones	No deben pasar mucho tiempo en el aire los saltadores, deben realizar el pase rápido.

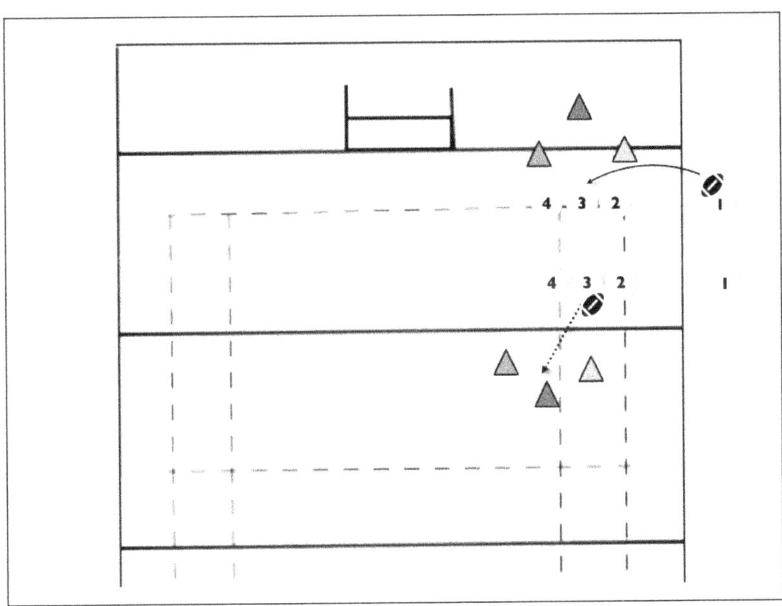

Ejercicio Nº 100	Objetivo Principal	Trabajar la touch	
	Objetivos Secundarios	Trabajar pase del talonador	
Medios Técnico-Tácticos		Pase, recepción	
Jugadores	7	Campo	Latreal del campo
Material	1 balón	Tiempo	10min

Explicación

Los jugadores formarán dos agrupaciones de touch con un solo lanzador. Este tendrá que realizar un lanzamiento imparcial. La agrupación que más veces haya recibido correctamente el balón ganará.

Observaciones: El levantamiento del saltador ha de ser rápido para anticiparse.

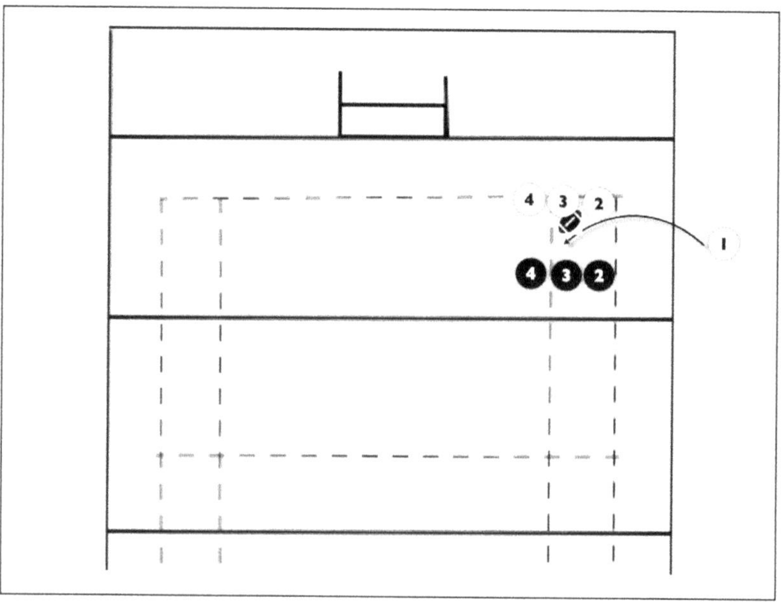

www.ingramcontent.com/pod-product-compliance
Ingram Content Group UK Ltd.
Pitfield, Milton Keynes, MK11 3LW, UK
UKHW021656190726
13853UKWH00001B/299